Silvia Kahn - Laurent Storck

MON ADO EST UN GROS NAZE

... mais je l'aime !

textes inédits
ÉDITION COLLECTOR
illustrations

AUCUN ADOLESCENT N'A ÉTÉ BLESSÉ
OU TORTURÉ PAR LES AUTEURS
PENDANT LA RÉDACTION DE CE LIVRE.
(LE CONTRAIRE N'EST PAS CERTAIN.)

À nos ados :
Carla, 16 ans ; Nathan, 16 ans ; Ugo, 17 ans ; Yaël, 18 ans.

Merci de nous avoir tant inspirés.

Sans vous, rien n'aurait été possible : vous avez été si créatifs pendant votre crise d'adolescence !

Mais soyons clairs : vous ne toucherez pas un centime d'euro sur la vente de ce livre, NON PAS UN.

Vous nous avez suffisamment ruinés en cours de rattrapage (non défiscalisés) de maths, physique, français, guitare, en frais d'orthodontie (non remboursés par notre mutuelle), forfaits mobile, Luna Park, poissons exotiques (merci Némo), parrainage du panda géant albinos du zoo de Chengdu, fringues de marque soi-disant indispensables à votre survie en milieu ~~hostile~~ scolaire, et nous en profitons pour vous dire que pour l'appel du banquier concernant l'utilisation frauduleuse de nos cartes bleues par un proche résidant sous notre toit [redacted]

[Passage censuré par l'éditeur.]

[redacted]

Encore merci !

ISBN : 978-2-822-21241-0

Jungle est une maison du groupe Steinkis.

Dessins de couverture, de l'intérieur et couleurs : © Thomas Labourot

Première édition – Novembre 2015

Imprimé en Espagne par Edelvives
en septembre 2015

Dépot légal : Novembre 2015

Silvia Kahn - Laurent Storck

MON ADO EST UN GROS NAZE

... mais je l'aime !

Indispensable à tout adulte en contact avec un ado

JUNGLE!

DÉFINITIONS

L'adolescence vue par Le Petit Robert

« Période de la vie entre l'enfance et l'âge adulte pendant laquelle se produit la puberté. »

(Dis donc Robert, tu ne te foutrais pas un peu de notre gueule ?)

L'adolescence vue par les parents

« Atroce, j'ai cru qu'on ne s'en sortirait jamais, m'en parle pas, c'était l'enfer. »

L'adolescence vue par les ados

« Que de la merde,
mes parents sont trop des cons
et j'ai même pas de scooter... »

L'adolescence vue par les psys

« Une aubaine ! »

(Tu m'étonnes, entre le prix de la consultation et la durée de l'adolescence...)

L'adolescence vue par les profs

Ils ne voient plus rien,
ils sont en arrêt maladie.

My psy is very rich.

TEST DE CONTRÔLE

POSSÉDEZ-VOUS UN ADO CHEZ VOUS ?

1. Quelqu'un, chez vous, pue car il ne se lave plus.

☑ Oui ☐ Non

2. Quelqu'un, chez vous, collectionne les rouleaux de PQ vides dans les toilettes.

☐ Oui ☐ Non

3. Quelqu'un, chez vous, parle une langue monosyllabique que vous ne comprenez presque plus.

☐ Oui ☐ Non

4. Quelqu'un, chez vous, se nourrit exclusivement de gâteaux et de sodas.

☐ Oui ☐ Non

5. Chez vous, quelqu'un s'habille comme une pute et ce n'est pas votre épouse.

☐ Oui ☐ Non

6. Quelqu'un, chez vous, est pris de convulsions quand vous l'embrassez (et ce n'est toujours pas votre épouse).

☐ Oui ☐ Non

7. Quelqu'un, chez vous, fond en larmes même si vous ne dites rien.

☐ Oui ☐ Non

8. Quelqu'un, chez vous, regarde du porno sur son ordi au lieu de préparer son exposé.

☐ Oui ☐ Non

9. Quelqu'un est vautré chez vous (jamais assis).

☐ Oui ☐ Non

10. Chez vous, des vêtements disparaissent mystérieusement.

☐ Oui ☐ Non

SI VOUS AVEZ PLUS DE QUATRE « OUI » :
Nous sommes désolés, un ado réside bien chez vous, un gros naze donc ! Pas de bol, ça passera... Comptez en gros trois à cinq ans de galère. ☹
(Si vous n'avez répondu « oui » qu'aux questions 1, 3, 7 et 9, ouf ! vous avez de la chance, il est possible que ce soit seulement une personne du troisième âge.)

VOTRE FILS AVANT

Il était câlin,
il travaillait bien à l'école,
il parlait skateboard, billes,
cartes « Yu-Gi-Oh ! »,
il faisait même des meringues
pour sa mamie chérie.
Comme il était mimi
votre petit gars !

Maintenant, son **jean** est
en bas de ses fesses,
ses cheveux ressemblent à du raphia,
il appelle son père **par son prénom**,
il a oublié qu'il avait une famille
et sort en marmonnant
« **j'vais voir mes potes** »...
en claquant la porte !

VOTRE FILLE AVANT

Elle faisait de la danse, du piano,
des colliers de perles.
Sur les photos, avec son maillot
de bain rose et sa bouée canard,
c'était votre petit bonbon,
votre choupinette d'amour,
votre fifille à sa maman.

Là, elle vient d'entrer dans le salon
avec des bottes à clous,
un maquillage de « camion volé »,
une jupe plus courte que...
enfin **trop courte**,
un T-shirt à tête de mort
moulant une poitrine énorme
et elle vous présente
son nouveau copain...

En larmes, vous hésitez entre
La Famille Addams, Scream
ou *Halloween* pour la décrire
à votre mari !

Votre fille avant / Votre fille après (quelques années).

LES 10 COMMANDEMENTS DE L'ADO

→ **Tous les jours (ou presque) la gueule tu feras.**
(Surtout quand vous êtes là.)

→ **Toujours le contraire tu diras.**
(Non, c'est pas vrai.)

→ **De ta famille honte tu auras.**
(Il y a de quoi !)

→ **Toute l'année en T-shirt tu sortiras.**
(Vas-y, j'ai rien à me mettre.)

→ **Tous les soirs sortir tu voudras.**
(Mais je rentre avant minuit !)

→ **Tout ce qu'on ne peut t'offrir tu demanderas.**
(Radins !)

→ **À tes parents jamais rien tu ne diras.**
(Bah non, pourquoi ?)

→ **En cas de problème tu t'effondreras.**
(C'est pas ma faute, c'est hormonal.)

→ **Jamais comme tes parents tu ne deviendras.**
(Argh, ce serait trop horrible.)

OUI, les auteurs savent qu'il n'y en a que neuf, mais ils trouvent que dix, dans un titre, **c'est plus classe.**

CONSEIL TOTALEMENT INUTILE N° 1

Ne JAMAIS priver un ado de vacances, de sorties ou de cinéma : ça ne sert à RIEN et comme il reste à la maison, il vous fait ENCORE PLUS chier.

Attention : bien vous mettre d'accord là-dessus avec votre conjoint car une punition est vite arrivée.

NOËL N'EST PAS UNE BONNE PÉRIODE POUR SE VENGER DE SON ADO

DONC NE LUI OFFREZ PAS :

- ☐ **l'intégrale d'Émile Zola** pour lui prouver qu'il a beaucoup de chance par rapport aux gens défavorisés et que s'il pouvait arrêter de se plaindre pour Noël, ce serait bien car c'est LA TRÊVE !
- ☐ **la calculette indispensable** qu'il a perdue au lycée (ou revendue en début d'année scolaire) car il la revendra de nouveau ;
- ☐ **30 chèques emploi service** pour payer la femme de ménage qui acceptera de nettoyer et de ranger sa chambre immonde ;
- ☐ **des préservatifs** car vous n'avez pas encore osé lui parler de sexualité ;
- ☐ **des préservatifs** car l'argent que vous lui aviez donné pour en acheter a été dépensé au kebab ;
- ☐ **un petit chapeau de LUTIN** (même pour rire...).

SOYEZ SYMPA ET FAITES LA TRÊVE VOUS AUSSI
(même si vous n'en avez pas envie) :

DONNEZ-LUI UN PEU D'ARGENT
~~sauf~~ même s'il vous a déjà piqué tous les billets que vous aviez prévu de déposer au pied du sapin !

QUE RÉPONDRE À UN ADO QUAND IL VOUS DIT...

Je veux sortir en semaine...

→ **Réponse :** apporte-moi plutôt ton bulletin de notes.

Je veux un piercing*...

→ **Réponse :** moi vivante, jamais ! Tu m'entends, JAMAIS !

Je veux un piercing...

→ **Réponse :** hors de question sinon je viens te chercher au lycée en string avec Mamie !

Elle ne dit plus : « Je veux un piercing »...

VOTRE FILLE A UN PIERCING !

→ Vous remerciez le ciel qu'elle n'ait pas chopé une infection.
→ Vous demandez à votre pharmacien/dermato/gynéco/menuisier une bonne adresse au cas où elle recommencerait.

** Valable aussi pour un tatouage.*

Je veux partir en vacances avec mon copain.
Promis, on ne dormira pas dans la même chambre...

→ **Réponse :** bien sûr, tu me le présentes avant et je vais lui dire que je tuerai toute sa famille y compris ses animaux domestiques s'il te touche... Sinon pas de problème ma chérie.
Mais j'y pense, quel membre de sa famille nous laisse-t-il en otage ?

Je veux un frigidaire dans ma chambre...

→ **Réponse :** pourquoi ? (Pour y entreposer les restes de ses parents avant de les cuire ?)

Je ne veux plus faire allemand deuxième langue parce que personne ne parle allemand sauf les Allemands !

→ **Réponse :** tu préfères mettre 70 000 profs d'allemand au chômage ?

De toute façon,
vous êtes tous des cons...

→ **Réponse :** surtout ne rien répondre !

Votre portrait de famille (selon l'ado).

CONSEIL TOTALEMENT INUTILE N° 2

Ne JAMAIS emmener votre ado chez vos amis, il va tellement vous foutre la HONTE que vous allez tous les perdre.

→ De toute façon, ça tombe bien, ça l'emmerde de venir.

MOI PAS COMPRENDRE TOI

PHRASES D'ADO		TRADUCTION
Vous rentrez à quelle heure ?	→	Je vais faire l'amour dans votre lit avec mon copain.
Ça me saoule.	→	Vous me faites chier.
Ça me saoule grave !	→	Vous me faites vraiment chier.
De toute façon, vous ne comprenez rien.	→	Vous êtes trop des cons.
J'ai pas faim.	→	Je viens d'engloutir trois jambon-beurre.
Ma vie est nulle.	→	Ma vie est nulle avec vous. (Là, vous avez dû beaucoup l'emmerder.)
J'en ai marre !	→	De vous bien sûr.
Oh ça va !	→	Sachez relativiser, surtout à votre âge : des chaussettes puantes dans le salon, ce n'est pas très grave et une baignoire sale non plus.
Bof	→	Jamais, plutôt crever.
Mmmm	→	J'adore.

Moi pas comprendre toi...

... depuis la nuit des temps.

LE BAC FRANÇAIS PARLE AUX ADOS FRANÇAIS

« Les sanglots longs
Des violons
De l'automne
Blessent mon cœur
D'une langueur
Monotone. »*
Paul Verlaine, *Chanson d'automne*.

« Il n'est rien d'égal au tabac, c'est la passion des honnestes gens ; et qui vit sans tabac, n'est pas digne de vivre ; non seulement il réjouît, et purge les cerveaux humains ; mais encore il instruit les âmes à la vertu, et l'on apprend avec luy à devenir honneste homme. »
Molière, *Dom Juan*.

« À tout cela, dis-je, s'ajoutent encore ces petits inconvénients : le professeur, dans un tel cas, craint ses élèves et les flatte, les élèves n'ont cure de leurs professeurs, pas plus que de tous ceux qui s'occupent d'eux ; et, pour tout dire, les jeunes imitent les anciens et s'opposent violemment à eux en paroles et en actes, tandis que les anciens, s'abaissant au niveau des jeunes, se gavent de bouffonneries et de plaisanteries, imitant les jeunes pour ne pas paraître désagréables et despotiques. »
Platon, *La République*.

LE BAC ANGLAIS AUSSI PARLE AUX ADOS FRANÇAIS

*« To be, or not to be, that is the question**. »*
Shakespeare, *Hamlet*.

** Citation également utile en histoire.*

*** Citation également utile en philosophie.*

CONSOLONS-NOUS

Votre ado fait la GUEULE,
beaucoup d'adultes AUSSI :

LA CANTINE, C'EST FINI

Votre ado préfère se priver de manger
plutôt que d'aller à la cantine

« QUI PUE, C'EST DÉGUEU, C'EST DE LA MERDE ».

C'est pourquoi il se jette sur quatre
paquets de gâteaux en rentrant du lycée.
Comme il n'a pas pris de petit-déjeuner : imaginez !
Il préfère déjeuner chez sa grand-mère
que remettre les pieds
dans cette foutue cantine

« QUI PUE, C'EST DÉGUEU, C'EST DE LA MERDE »,

et j'en passe.

SON NOUVEL AMI EST LE KEBAB !!

KEBAB TOUS LES JOURS !

Autant dire (bien qu'il y ait des tomates dans le ketchup)
qu'on est très loin des cinq fruits et légumes par jour*...
très, très loin même.

* *Cinq fruits et légumes par jour, les fumer, peut-être, mais les manger : impossible !*

LES « NE DITES JAMAIS »

NE DITES JAMAIS
Tu pues, va te laver !

DITES PLUTÔT
Papi, que tu aimes beaucoup,
vient de faire un malaise à cause de ton odeur.
S'il décède, on saura pourquoi.

NE DITES JAMAIS
As-tu fait tes devoirs ?

DITES PLUTÔT
Rends-moi la télécommande si tu ne l'utilises plus.

NE DITES JAMAIS
À table !

DITES PLUTÔT
J'imagine qu'avec tous les Pépito que tu viens
de manger, tu n'as plus faim.

NE DITES JAMAIS
Tu es habillée comme une pouffe.

DITES PLUTÔT
Ma chérie, n'oublie pas tes préservatifs.
(« Ma chérie » est optionnel, à vous de voir.)

NE DITES JAMAIS
Quand tu seras majeur.

DITES PLUTÔT
Quand tu seras chez toi.

NE DITES JAMAIS
Tu es vraiment un gros naze.

DITES PLUTÔT
~~Je comprends que la période de l'adolescence soit une période difficile.~~
~~D'ailleurs, moi-même, à ton âge...~~
~~blablablablabla...~~

NON, NE DITES RIEN.

COMMENT NE PAS ROMPRE LE DIALOGUE AVEC VOTRE ADO

☒ **NE JAMAIS RÉPONDRE** dans la même langue que lui.

☒ **PAS LA PEINE DE HURLER** puisqu'il porte un casque.

☒ **NE PAS RÉSILIER** son abonnement téléphonique.

☒ **NE PAS BAISSER LES YEUX** malgré son piercing dans la lèvre (ça ne sert à rien, elle a le même dans le nombril).

☒ **NE PAS L'ENFERMER À CLÉ** dans l'appartement, ni sur le balcon (ni dans le garage).

☒ **NE PAS DIRE** « tu es bien comme ton père », sauf si vous avez déjà divorcé de son père.

☒ **NE PAS DIRE** « tu es bien comme ta mère », surtout si vous parlez à votre fils.

☒ De manière générale, **NE LE COMPAREZ PAS** à un membre de la famille encore vivant (pas même au chien).

⚠ **Attention aux SMS traumatisants :**

« Réponds-moi ou je me tue. »

« Réponds-moi ou je te tue. »

ADO DE NOËL OU CADO DE NOËL ?

À LA QUESTION :

pour Noël, vous préférez :

a) un ado de Noël ;

ou

b) un cado de Noël ?

96 % des parents ont choisi la réponse b).

2 % ne savent pas.

1 % réfléchit encore.

1 % n'a pas compris la question.

À QUOI SERT UN ADO ?

À RIEN.

À hurler « À table ! » pendant que vous mangez froid.

À guérir du sexe.

À changer l'heure du four deux fois par an.
(Non, ça, c'est votre mari qui le fait.)

À bien faire chier vos voisins.
(Ils le méritent.)

À ne plus jamais voir le reste de la famille.
(Et parfois, ça fait plaisir.)

À alléger votre peine quand ils s'en vont.
(Tu l'as dit, bouffi.)

À ne plus jamais s'ennuyer dans la vie !
(Ça, c'est réussi.)

À ne jamais penser à autre chose et surtout plus à soi-même.
(Quel altruisme !)

84e année de recherche sur l'utilité d'un ado :
toujours aucun résultat !

VOUS ÊTES CONVOQUÉS AU LYCÉE...

... par un mail qui, par chance, n'a pas été intercepté par votre ado.

Cette convocation vous a aussi été envoyée par courrier, pneumatique, diligence, Chronopost, pigeon voyageur, aboyeur, ménestrel, mais tout a été détourné (même si vous n'avez aucune preuve) par ledit ado...

SANS NOUVELLES DE VOTRE PART, LE PROVISEUR VOUS ÉCRIT :

« Madame, monsieur, suite aux nombreuses tentatives de vous joindre restées sans réponse, nous souhaiterions vous rencontrer dans les plus brefs délais, afin de vous parler des résultats de votre fils. »

VOUS PANIQUEZ EN VOUS DEMANDANT :
« Qu'a-t-il encore fait ? »

VOTRE MARI VOUS RÉPOND :
« Ne sois pas toujours négative, c'est peut-être pour nous dire que tout va bien. »

LÀ, SOYONS BIEN CLAIRS :
ON NE CONVOQUE PAS DES PARENTS
POUR LEUR DIRE QUE TOUT VA BIEN...

... MAIS POUR LEUR DIRE QUE :

1

LEUR ADO NE FOUT PLUS RIEN EN CLASSE
(quand il vient)

2

LEUR ADO DORT EN CLASSE
(normal, c'est son heure)

3

LEUR ADO EST NUL
(ah bon ?)

4

LEUR ADO SERA VIRÉ À LA FIN DE L'ANNÉE
(quelle année ?)

5

LEUR ADO SERA VIRÉ AVANT LA FIN DE L'ANNÉE
(ah merde !)

6

LEUR ADO SERA VIRÉ AVANT LA FIN DE LA SEMAINE
(putain, déjà !)

7

LEUR ADO RÉSIDE-T-IL TOUJOURS EN FRANCE ?

CONSEIL TOTALEMENT INUTILE N° 3

Ne JAMAIS lui confisquer son portable : il sera injoignable, ne se réveillera plus car il l'utilise comme réveille-matin, et en plus, il aura une bonne excuse.

Ce que vous ne savez pas, c'est qu'il s'en est déjà procuré un autre... et qu'il vous arnaque.

VOUS RÊVIEZ DE SILENCE ? EH BIEN, RÊVEZ !

Car l'ado est bruyant quand il ne dort pas.

L'ado ne ferme jamais une porte : **IL LA CLAQUE.** Parfois vous voulez anticiper cet horrible bruit depuis votre chambre et vous tentez un « ne claque pas la p... ».

TROP TARD.

Et quand on dit porte, il s'agit de **TOUTES** les portes : frigidaire, ascenseur, cage à oiseaux et même la porte du micro-onde quand il se souvient qu'il peut l'utiliser pour réchauffer son dîner... **à minuit !**

Seul avantage de ce BRUIT INFERNAL, CRISPANT ET INSUPPORTABLE : vous pouvez localiser votre ado dans l'appartement. Mais, avouons-le...

CELA N'A AUCUN INTÉRÊT.

JEU D'OBSERVATION

Une barrette de shit s'est malencontreusement égarée dans sa chambre.

SAUREZ-VOUS LA RETROUVER ?

NON ? ALORS ALLEZ CHERCHER VOTRE ADO AU COMMISSARIAT.

La police, elle, a su retrouver la barrette.

QUE FAIRE SI VOUS AVEZ FOUILLÉ LA CHAMBRE DE VOTRE ADO ET QU'IL S'EN APERÇOIT ?

NIER.

✕ **Nier encore.**

Prouver que vous ne faisiez que ranger sa chambre et faire son lit… **mais comment ?**

✕ NIER TOUJOURS.

Lui dire qu'il est devenu complètement parano à force de regarder *Les Experts*, *Esprits criminels* et les ~~*Simpson*~~.

Détourner la conversation en l'invitant à un concert au Zénith.

Prendre un avocat… et un bon.

Le soudoyer vilement en l'accompagnant chez Zara (Barcelone), Topshop (Londres) ou Abercrombie (NY) et l'abonner à tous leurs programmes de fidélité pour qu'il puisse y retourner sans vous.

⚠ ***ALERTE ROUGE – ALERTE ROUGE – ALERTE ROUGE*** ⚠

Si vous en avez profité pour tenter une intrusion dans son ordinateur et qu'il s'en aperçoit… nous ne pouvons plus rien pour vous.

Absolument plus rien…

TEST D'OBSERVATION

VOTRE ADO VOUS FAIT-IL LES POCHES ?

SI VOUS PENSEZ :

Jamais :
recomptez !

Rarement :
vérifiez mieux !

Parfois :
que signifie « parfois » pour vous ?

Souvent :
faut pas nous prendre pour des cons, nous aussi on le faisait à son âge.

Un peu,
puisque vous ne le saviez pas.

Beaucoup,
mais vous pensiez que c'était votre conjoint.

~~**Passionnément**~~

À la folie,
d'ailleurs, votre ado est beaucoup plus riche que vous !

Pas du tout,
car vous n'aviez pas encore lu ce livre.

Au fait, planquez votre porte-monnaie.

L'ado ne fait pas les poches. Il vit dedans.

CONSEIL TOTALEMENT INUTILE N° 4

Ne JAMAIS confier votre carte bleue à un ado, ni pour un dépannage, ni pour gagner du temps, encore moins pour payer sa livraison de pizzas à domicile.

Idem pour votre code secret.

Si vous l'avez déjà fait : interrompez cette lecture et faites IMMÉDIATEMENT opposition auprès de votre banque.

Attention : l'ado sait recopier un numéro et le réutiliser sans vous le dire.

SI VOUS VOYEZ CECI SUR LA PORTE DE LA CHAMBRE DE VOTRE ADO

N'entrez plus.

Attendez cinq ans avant d'entrer.

Votre ado a vraiment des goûts de chiottes.

Votre porte est foutue,
il faudra la repeindre avant de déménager.

Renforcez son français.

Cool, elle est bilingue.

Appelez les pompiers.

Incroyable, on ne voit plus du tout qu'il est gaucher.

SACHEZ DISTINGUER LE VRAI DU FAUX

☐ Le meilleur comportement du parent est la confiance.	**FAUX**
☑ Le meilleur comportement est la défiance.	**VRAI**

■ Votre ado a souvent mal aux os.	**VRAI**
☐ Ça l'empêche de faire ses devoirs.	**FAUX**

☐ Votre ado révise son brevet chez un ami.	**FAUX**
☑ Votre ado teste un nouveau jeu vidéo toute la nuit.	**VRAI**
☐ Votre ado visionne un porno chez ledit copain.	**VRAI**

☐ Votre ado ne veut pas mettre de slip de bain homologué (dit « moule bite »).	**VRAI**
☒ Votre ado a ses règles chaque semaine à l'heure du cours de gym.	**FAUX**

☐ Tous les troisièmes ont 35 euros d'argent de poche par mois.	**FAUX**
■ Il a vendu votre collection de timbres.	**VRAI**

☐ Le prof a dit : « Pour apprendre, une tablette, c'est mieux. »	**PEUT-ÊTRE**
☐ Le prof a dit : « Il vous faut un iPad. »	**FAUX**

☐ Un ado ne tombe jamais malade. (Quelques numéros utiles : 17, 18.)	FAUX
☐ Votre ado ne se masturbe jamais.	FAUX
☒ Vous non plus.	FAUX
☐ Sa chambre est impénétrable.	VRAI
☑ Les voies du Seigneur aussi.	VRAI
☐ Il n'éteint jamais les lumières.	VRAI
☒ Vous êtes actionnaire d'EDF.	FAUX
☐ Il sait ce qu'il fait.	FAUX
☐ Vous savez ce qu'il fait.	FAUX
☐ Il le fera demain.	FAUX
☐ Il ne le fera jamais.	VRAI
☐ Il ne veut plus partir en vacances avec vous.	VRAI
■ Il a déjà son billet pour Ibiza.	VRAI
☒ Votre ado ne dort pas.	FAUX
☐ Il dort en classe.	VRAI
☐ Votre ado ne mange pas.	FAUX
■ Votre ado mange (le plus souvent la nuit, quand on pense qu'il dort).	VRAI

JEU D'OBSERVATION

Votre flacon de vernis est planqué dans la salle de bains.

SAUREZ-VOUS LE RETROUVER ?

IL EST LÀ-DEDANS.

Elle l'a vidé sans vous le dire.

LISTE HEBDOMADAIRE DE COURSES POUR ADOS

Corn-flakes : 17 boîtes

Coca : 100 litres

Chips : 2 tonnes

Ketchup : 2 palettes

Vernis à ongles : 30 flacons

Dissolvant : 6 litres

Biscuits : 432 boîtes

Clearasil : en spray

Fenouil : ?

Haribo : 12 paquets (pour vous)

Ne plus acheter pour cause de changement brutal de goût : Pépito (reste 60 boîtes), roquefort (reste 112 portions), dindonneau (14 packs éco) (note pour plus tard : penser à les donner à une association caritative), citrons (foutus), pain aux noix (rassis), cornichons au vinaigre (garder uniquement les petits oignons).

TEST DE CONTRÔLE CONTINU

VOTRE ADO DOIT-IL CONSULTER UN PSY ?

1 Il ne dit plus ni « bonjour » ni « au revoir » ni « merci » depuis :

a - deux mois.
b - il ne l'a jamais dit.
c - son retour de fugue.
d - que vous l'avez accompagné en jogging jusqu'à la porte de son lycée.

2 Sa moyenne est en dessous de celle de sa classe de :

a - 1 point.
b - 10 points.
c - il ne va plus en classe.
d - il s'en fout, il veut être psy.

3 Il a vendu tout le mobilier de sa grand-mère :

a - petit à petit chez Broc'2000.
b - en achat immédiat sur eBay.
c - trois fois plus cher que le prix payé à son grand-père...
d - à sa prof d'histoire-géo qui adore l'Art déco.

4 Il a été renvoyé trois jours du lycée pour :

a - absences répétées.
b - absence d'intelligence.
c - absence d'habits.
d - absence de scrupules.

5 Il joue de l'argent au poker en ligne :

a - il a perdu tout l'argent des meubles de Mémé.
b - il a déjà racheté 18 % du site de jeux sur lequel il joue.
c - il va devoir déclarer ses gains sur votre feuille d'impôts.
d - il a ruiné son prof de maths dont il ignorait le pseudo.

6 Il vous parle 10 minutes de suite sans vous demander :

a - 20 euros.
b - de sortir toute la nuit avec ses potes.
c - de partir en vacances seul avec ses copains pendant trois semaines.
d - de lui laisser la maison pour fêter son anniversaire.

VOUS AVEZ UNE MAJORITÉ DE A, B, C OU D :
vous n'obtiendrez aucun RV avant son mariage car les pédopsychiatres sont archi-débordés.

VOTRE MEILLEURE AMIE AUSSI A DES ADOS

C'était génial, amies depuis la petite section de maternelle, vous avez eu vos enfants en même temps, hésité ensemble sur les mêmes prénoms (Rodolphe ou Martin, Prune ou Victoire), transpiré au même cours de Zumba pour perdre les 20 kilos accumulés à chaque grossesse (17 kilos à la première mais 26 kilos à la deuxième), parlé sans fin des couleurs du caca de vos bébés, pleuré de joie ensemble quand ils ont fait leurs premiers pas et balbutié leurs premiers mots.

Ensemble, vous avez organisé leurs anniversaires avec les fées, les clowns, les poneys et les fraises Tagada (pour vous).

Bref, vous étiez fusionnelles et c'était beau !

Maintenant, vos petits chéris sont devenus des ados.
Il faut se serrer les coudes... sauf que vous n'aviez pas prévu que votre meilleure amie **N'AURAIT AUCUN PROBLÈME AVEC SES ADOS.**

Parce que LES SIENS, D'ADOS : ils travaillent bien à l'école et rentrent avant minuit des soirées quand ils daignent s'y rendre car ils préfèrent en réalité les soirées télé-pop-corn à la maison avec leurs amis, tous très polis.

PUTAIN MEEEEEERDE !

PLUSIEURS POSSIBILITÉS

- Elle ne veut pas voir la réalité en face.
- Elle vous ment... depuis trois ans.
- Elle vous ment... depuis toujours.
- Elle est psychotique.
- Elle vous en veut et elle se venge.
- Elle vous jalouse : vous êtes mariée et votre mari vous aime !
- Elle couche avec votre mari.
- Elle ne vous a jamais aimée, maintenant c'est clair !
- Elle veut se débarrasser de vous.
- Elle dit la vérité et ses ados ne sont pas en crise.

UNE SEULE SOLUTION

Ne plus jamais revoir cette CONNASSE !

LA TOUTE PREMIÈRE FOIS

Vous lui dites : « Tu sais, ma chérie, l'essentiel c'est que tu fasses l'amour avec quelqu'un que tu aimes. »

Trois possibilités
(soit beaucoup moins que le Kamasutra) :

1

Votre fille vous regarde d'un œil torve et vous rétorque :

« Bien sûr Maman, est-ce que je peux aller chez Caroline réviser le bac ? »
(Ou pire, le bac de français, ou encore pire, le brevet des collèges.)

En fait, ça fait deux ans qu'elle couche avec le même garçon qui ne s'appelle pas Caroline (ni Carolin, d'ailleurs).

2

Elle est dégoûtée par votre discours et vous traite d'obsédée sexuelle.

3

Elle ne couche pas... encore, mais la felation* n'a plus de secret pour elle.

** Sauf son orthographe : elle ne sait pas que fellation s'écrit avec deux l.*

CONSEIL TOTALEMENT INUTILE N° 5

Ne JAMAIS emmener
un ado en vacances
plus ~~de deux semaines,~~
~~d'une semaine,~~
~~de quatre jours,~~
JAMAIS.

30 MILLIONS D'AMIS

PROBLÈME : en fouillant tout à fait par hasard dans l'historique de l'ordinateur de votre ado, vous êtes tombé sur le mot : **zoophilie**.

SOYONS CLAIRS :

le prof de SVT n'a PAS demandé d'exposé sur la zoophilie !

Car cette matière n'est pas au programme.

Votre ado ne collectionne pas de timbres donc il n'a pas confondu avec philatélie.

Votre ado ne s'intéresse plus aux animaux depuis la mort de Panpan, son lapin nain.

Votre ado ne peut pas être vétérinaire car il est nul en matières scientifiques (comme son père).

Déjà petit, il n'aimait pas aller au zoo.

PUTAIN DE FER À LISSER

Adieu la pince à cheveux de la Petite Sirène, adieu les chouchous, adieu les frisettes, car aujourd'hui, demain et après-demain, l'accessoire indispensable est :

LE FER À LISSER.

FER À LISSER : **contraire du fer à friser.**

Votre fille passe son temps à se lisser les cheveux pendant des heures chaque jour.

Le lissage parfait est vérifié à toute heure du matin, de l'après-midi, du soir et même avant de s'endormir.

Dans les cas les plus graves, certaines se tiennent les cheveux dans la rue afin que la mèche du dessus reste plaquée.

On en parle peu, même dans « *Faites entrer l'accusé* », mais priver sa fille ado de fer à lisser peut engendrer des conséquences extrêmement graves (*voir* Golda Meir, Margaret Thatcher ou Angela Merkel).

VOTRE ADO VEUT ALLER EN ~~PRISON~~ PENSION

Les ados sont de plus en plus nombreux à choisir la pension. Saisissez votre chance : dites-lui oui !

Imaginez comme vous l'énervez pour qu'il préfère aller en pension.

Surveillance de l'emploi du temps.

Surveillance du carnet de correspondance.

Surveillance par vos copines du quartier.

Surveillance par son petit frère.

Surveillance des relevés téléphoniques.

Surveillance de ses rations alimentaires…

Cessez de torturer cet enfant : laissez-le partir.

ET PROFITEZ DE LA VIE !

YEAAAAAH !

QUELLE MUTUELLE POUR VOTRE ADO ?

UNE TRÈS, TRÈS BONNE.

CAR L'ADO A TOUT LE TEMPS MAL QUELQUE PART !

Mal aux cheveux
Mal à l'os
Mal au dos
Mal au crâne
Mal au cœur
Mal au ventre
Mal au coude
Mal au-dessus de la lèvre
Mal dans la lèvre
Mal sous la lèvre
Mal dans le cartilage
Mal dans la veine
Mal sous la gencive (là où il y a l'appareil à 800 euros)
Mal au petit doigt
Mal au gros doigt

Et surtout :

mal dans sa peau

COMMENT VOUS VENGER DE VOTRE ADO ?

1

Appelez-le « chaton » en public.

2

Prenez votre trottinette et passez devant la terrasse de son café en lui faisant des bisous avec la main.

3

Postez sur son mur Facebook des photos d'enfance (zizi à l'air ou affublée d'une doudoune à fleurs) **qui lui foutront la honte.**

4

~~**Ne payez plus son abonnement mobile.**~~

5

Portez-vous volontaire pour accueillir un correspondant serbe.

6

Ne faites plus les courses et allez au restaurant sans lui juste en face de votre domicile.

7

Dénoncez-le à son prof principal car il a triché (n'attendez pas d'avoir des preuves).

Réservé aux parents encore en couple :
EMBRASSEZ-VOUS AVEC LA LANGUE DEVANT LUI
(cris de profond dégoût mais succès garanti. N'allez pas plus loin : risque de fugue).

ATTENTION : VOTRE ADO N'EST PAS VOTRE AMI

→ Évitez les concours de pets avec lui, y compris dans un jacuzzi.

→ Évitez les concours de rots avec lui, y compris pendant une cérémonie religieuse.

Évitez tous les paris en général car une victoire même exceptionnelle ou éphémère donne à l'ado un sentiment de puissance et de supériorité qui peut durablement saper votre autorité.

→ Évitez de jouer aux échecs avec votre ado sauf si vous êtes certain de gagner. Mais êtes-vous prêt à tricher pour cela ?

→ Évitez d'insulter la police en sa présence même s'il vous y encourage.

→ Évitez de lui demander s'il est capable de siffler toutes les bières de la table en moins de 4 minutes... ni en moins de 40 secondes.

→ Évitez de repasser le bac ou le permis de conduire en même temps que lui car les risques d'humiliation seraient irréversibles en cas d'échec.

En bref, évitez de défier ou de provoquer votre ado car c'est un être humain comme le tigre ou la dinde et à ce titre, il est sensible, vengeur et irritable.

ELLE TÉLÉPHONE PENDANT DES HEURES...

... à sa meilleure amie qu'elle a quittée en bas de l'immeuble à **16 h 13**, et avec qui elle a rendez-vous dans 35 minutes, c'est-à-dire à **16 h 48**, en bas du même immeuble.

MAIS QUE SE RACONTENT-ELLES ?

D'après Scotland Yard :
des choses qu'elles ont vraiment peur d'oublier, comme :

« T'as vu la gueule de Ludo
quand Samantha a embrassé Victor
en SVT ? »

D'après la CIA :
des choses qui pourraient bien bouleverser la face du monde, comme :

« T'as vu la gueule de Noémie
quand elle a vu la gueule de Ludo
quand il a vu que Samantha embrassait Victor
en SVT ? »

D'après nous :
des choses qu'elles auraient pu se dire plus tôt mais qui ne sauraient se dire plus tard, comme :

« T'as vu la gueule de la prof de SVT
quand elle a vu... etc. »

Même la CIA renonce à écouter les conversations d'ados.

Aucun ado n'est épuisé avant son forfait.

FLEMME

État végétatif prolongé propre à l'adolescence et pouvant s'étendre sur une période allant de 3 à 33 ans

(non, rien à voir avec l'âge du Christ, les auteurs ne font pas de politique).

COMMENT FAIRE POUR QU'IL SOUHAITE LA BONNE ANNÉE À SES GRANDS-PARENTS ?

Demandez-lui gentiment.
Non, on déconne…

Rémunérez-le.
Vous n'êtes plus à ça près
(vous êtes à découvert depuis qu'il est ado).

Imitez la voix de votre ado.
Embauchez un professionnel
si vous n'avez aucun don pour l'imitation.

Envoyez un SMS à sa place.
Achetez auparavant un portable à vos parents
et apprenez-leur à s'en servir !

Éclatez en sanglots
en marmonnant : « Fais comme tu veux mais bon…
je préfère ne pas t'affoler mais c'est peut-être la dernière fois. »

VOTRE ADO DOIT RENDRE UN EXPOSÉ

À chaque fois que vous rentrez
dans sa chambre, votre ado vous dit :

« J'ai un exposé. »

Traduction :

il regarde des vidéos pornos
en tweetant (cul) avec ses potes.

De toute façon, il ne peut pas avoir
dix exposés à faire dans le même trimestre.

D'ailleurs, que doit-il
exposer exactement ?

DIFFÉRENCES DE POINT DE CUL

L'ADO GARÇON est angoissé par la taille de son pénis.

L'ADO FILLE est angoissée par la taille de ses seins.

LES PARENTS, EUX, SONT ANGOISSÉS PAR CE QUE LE GARÇON FAIT DE SON PÉNIS ET LA FILLE DE SES SEINS*.

** « Entre autres », car les auteurs préfèrent passer outre certains détails, ce que nos prudes lecteurs comprendront aisément.*

CONSEIL TOTALEMENT INUTILE N° 6

Ne JAMAIS acheter seul des vêtements pour votre ado.

JAMAIS.

(Car il ne veut plus de T-shirt Pikachu,
elle n'aime plus Hello Kitty
et vous détestez tout ce qu'ils aiment !)

LE SMS COCHON

Elle a 14 ans et un garçon lui propose un plan **cul** par **sms**.

Elle vous en parle : mais pourquoiiiii... alors que vous auriez adoré ne jamais le savoir ! Pourtant, il y a tant d'autres choses que vous aimeriez savoir, mais pas ça.

Demandez-lui ce qu'elle entend par plan cul ?

Si la réponse est : « Il prend une meuf,
il la baise et après il la jette comme une merde... »

Ne dites pas :

« Moi aussi, j'ai eu beaucoup de plans cul. »
(En plus, c'est faux.)

« Mais c'est quoi un plan cul ? »
(Vous passeriez pour une grosse ringarde.)

« Pourquoi pas, c'est une formidable expérience ! »
(Quoique...)

« Mais que font ses parents ? »
(C'est vraiment hors sujet sauf si ses parents tiennent un club très privé.)

Soyez pragmatique, demandez-lui la photo du garçon :

- **s'il est beau,** c'est foutu ;
- **s'il est moche,** ne dites pas : « Ah, tu comptes baiser avec Shrek ! »

Pleurez en cachette.

CONSEIL TOTALEMENT INUTILE N° 7

**LES ADOS, C'EST SYMPA
DE LES AVOIR**

~~en vacances,~~
~~à table,~~
~~en voiture,~~
~~chez des amis,~~
~~à la campagne,~~
~~devant la télé,~~
~~en famille,~~
~~en week-end,~~
~~loin,~~
~~à vélo,~~
~~avec leurs copains,~~
~~dans un train,~~
~~au piano,~~

EN PHOTO !

LE CODE D'HONNEUR DE L'ADO

C'ÉTAIT MIEUX AVANT

AVANT, LES REPAS ÉTAIENT ÉQUILIBRÉS.
Vous en avez passé des nuits à éplucher 6 kilos de pommes de terre pour mitonner de merveilleuses soupes et à presser 4 tonnes d'agrumes afin qu'il mange le mieux possible et qu'il grandisse bien.

Maintenant, il enfourne en 2 secondes la moitié de la baguette de pain et dit qu'il n'a plus faim une fois à table.

AVANT, LES REPAS ÉTAIENT DRÔLES.
Votre enfant avait toujours le mot pour rire, celui que vous racontiez le lendemain à vos amies, à votre mère, à vos collègues de bureau.

Maintenant, avec les fameux : **« Qu'est-ce qu'on mange ? »**, **« Quand est-ce qu'on mange ?** », suivis du non moins fameux : **« Oh encore ! Mais c'est dégueu, ça ! »**, les repas sont un cauchemar quotidien.

AVANT, VOTRE ADO VOUS TROUVAIT INTELLIGENT...
même quand vous ne disiez rien.

Maintenant, il vous trouve con quoi que vous disiez.

AVANT, VOTRE FILLE VOULAIT ÊTRE COMME VOUS.
Elle vous trouvait **TROP** belle, **TROP** bien, vous vous sentiez jeune, la maman idéale.

Maintenant, vous êtes ringarde, pas drôle, vieille, alors que la mère d'Audrey est GÉNIALE, et que votre fille AURAIT TROP AIMÉ ÊTRE SA FILLE. (Mais rassurez-vous, pour Audrey, c'est vous la mère idéale.)

AVANT, VOUS ENTENDIEZ VOTRE ENFANT CHANTONNER DANS SA CHAMBRE.

Maintenant, en collant malencontreusement l'oreille sur la porte de sa chambre, vous l'entendez dire à son pote : « Tu te rends compte, Zoé [sa nouvelle copine], elle a un piercing à la ch... ! »

(Oui, c'est horrible, on compatit, même si on ne peut rien pour vous.)

Liste des avant/maintenant à compléter soi-même.

AVANT, VOTRE ADO ....
Maintenant ....

AVANT, VOTRE ADO ....
Maintenant ....

AVANT, VOTRE ADO ....
Maintenant ....

Faites-nous partager vos expériences !
Le plus créatif d'entre vous recevra
une séance gratuite d'acupuncture laotienne.

COMBIEN COÛTE UN ADO ?

2 000 euros
à
35 000 euros

Source :
monadocoutuneblindetlapeauduculreunies.gouv.fr

COMBIEN VAUT UN ADO ?

Calculs toujours en cours.

QUE RAPPORTE UN ADO ?

Pas grand-chose

Ou absolument n'importe quoi !

APRÈS LES VACANCES C'EST PAS MIEUX

NON, le tatouage que votre fils arbore sur la seule photo qu'il vous envoie de ses vacances n'est pas une décalcomanie, contrairement à ce qu'en pense votre conjoint qui adorait les Malabar, mais bien un **tatouage** INDÉLÉBILE *(pourquoi une tête de mort avec des épines de roses ?).*

OUF, votre fille revient de vacances sans piercing contrairement à la copine idiote avec laquelle elle est partie (et que vous détestez).

Avant d'être totalement soulagée, scrutez bien son nombril avec votre lampe frontale pendant qu'elle dort et soudoyez son petit frère pour qu'elle lui tire la langue bien à fond.

Si elle a un **piercing,** ne lui demandez pas d'un air détaché si ça change quelque chose pendant les rapports sexuels, sa réponse pourrait vous gêner !

NOTRE CONSEIL : à la moindre fièvre, dites-lui que son piercing s'est infecté, précipitez-vous chez le médecin et faites-le enlever ! YES ! Vous avez gagné !

TEST DE CONNAISSANCES APPROFONDIES POUR INDIVIDUS SUSCEPTIBLES DE FRÉQUENTER UN ADO

(ET QUI NE SONT PAS SES PARENTS)

1. À quelle heure doit-on réveiller un ado ?

a - Jamais.
b - Peut-être.
c - Demain.
d - Pour quoi faire ?

2. Il sort en T-shirt le 9 janvier (température extérieure : - 3 °C). Vous lui dites* :

a - « À ce soir ? »
b - « À demain ! »
c - « Tu ne fais plus la bise avant de sortir ? »
d - « Ce T-shirt est vraiment magnifique ! »

3. Elle sort en minijupe la nuit du réveillon (- 4 °C). Vous lui dites :**

a - « *Happy new year !* »
b - « Tu es belle, en quoi es-tu déguisée ? »
c - « Tu devrais peut-être mettre une paire de collants... »
d - « Prends ta bombe lacrymogène, on ne sait jamais. »

4. Elle vous dit : « Je hais ma daronne ! »

a - Vous ne savez pas ce que ça signifie.
b - Vous répondez : « Moi aussi, c'est une pute. »***
c - Vous répondez : « Tu ne peux pas dire ça, elle s'est tant sacrifiée pour toi ! »
d - Vous répondez : « Au moins, tu sauras quoi raconter quand tu seras écrivain. »

5. Peut-on tout dire à un ado ?

a - Oui, dès qu'il enlève ses écouteurs.
b - Oui, si cela ne touche ni le sexe, ni la politique, ni sa scolarité, ni la religion, ni les jeunes, ni l'argent, ni la musique (ni les cheveux, ni les vêtements, ni la mode, ni l'allemand deuxième langue, ni la sœur de son/sa meilleur[e] ami[e]).
c - Oui, si vous n'êtes ni un membre de sa famille, ni un membre du sexe opposé, ni âgé de plus de 17 ans, ni un membre de l'Éducation nationale.
d - Oui, bien sûr.****

* *« J'en ai vraiment ras-le-bol de tes conneries, tu es tout le temps malade. Qui doit appeler SOS médecins en pleine nuit parce que monsieur a 40 de fièvre et n'est pas fichu de s'habiller correctement en plein hiver ? » (***Vous êtes sa mère*, *les auteurs vous ont reconnue et vous rappellent que ce test de connaissances ne vous est pas destiné.)*

** *« J'en ai vraiment ras-le-bol de tes conneries, tu es tout le temps malade à te balader le cul à l'air et après qui doit appeler SOS médecins en pleine nuit parce que mademoiselle a 40 de fièvre ? Et tu ressembles à une pute habillée comme ça ! » (***Vous êtes son père*, *les auteurs vous ont reconnu et vous rappellent que ce test de connaissances approfondies ne vous est pas non plus destiné.)*

*** *Nous vous avons encore reconnu,* **vous êtes le père** *et vous n'avez toujours pas digéré la séparation d'avec votre ex-femme... Passez à la page suivante, ce test ne vous est toujours pas destiné, contrairement au test page 173.*

**** *Ce test ne concerne pas non plus les éducateurs sociaux.*

QUE FAIRE SI VOUS SENTEZ QUE VOUS ALLEZ CÉDER AUX DEMANDES RÉPÉTÉES, INSISTANTES, PERMANENTES, PÉNIBLES, OBSESSIONNELLES, MULTIPLES, AGAÇANTES DE VOTRE ADO COMME : « JE VEUX UN CHIEN. »

Sortez tous les matins à 7 heures (car c'est vous qui, toute votre vie, **promènerez** le chien de votre ado) et surtout **promenez-vous** en vous faisant bien chier (ce qui n'a rien à voir avec le fait de faire faire caca au chien puisque vous n'en avez pas encore).

Donc **promenez-vous** à 7 heures du matin sous votre fenêtre pendant 15 minutes au moins, et renouvelez l'opération le soir à 20 heures, même par - 15 °C, sous la pluie ! Sous la neige ! Par grand vent ! Verglas ! Élection ! Grève des éboueurs !

CAR VOTRE ADO NE PROMÈNERA JAMAIS SON CHIEN SAUF LES QUINZE PREMIERS JOURS (AVEC DE LA CHANCE).

**Alors,
toujours envie d'un chien ?**

1ER JOUR.
18:34
lundi 12 septembre
19 °C
2ÈME JOUR.
18:43
mardi 13 septembre
13 °C
3ÈME JOUR.
18:50
mercredi 14 septembre
14 °C
RESTE DE VOS JOURS...

DEVOIR DE MERDE

Si votre ado vous dit en rentrant du lycée :

« J'ai un DM »,

ceci ne veut pas dire

« Devoir de Merde »

(même s'il le pense très fort),

ni

- ✗ devoir mortel
- ✗ devoir de malheur
- ✗ devoir maternel
- ✗ devoir macabre
- ✗ droit maritime

mais

« Devoir à faire à la Maison ».

UN DST, C'EST QUOI ?

Devoir Sous Torture

Devoir Sexuellement Transmissible

Devoir Sous Tension
(sans préparation, cela en provoque)

Devoir Sans Travail
(exactement ce qu'il a fait)

Bien sûr, la bonne réponse est :

Devoir Sur Table !

Mais il aurait de meilleures notes
à un DSL : Devoir Sur Lit
(voire un DDSLAQ : Devoir Dans Son Lit Avec Quelqu'un).

VOTRE ADOLESCENT A FUGUÉ

(MAIS VOUS SAVEZ QU'IL EST PLANQUÉ CHEZ SA GRAND-MÈRE)

→ **N'en profitez pas pour partir en vacances avant qu'il ne revienne.**

→ **Ne faites pas croire sur Facebook que vous avez tenté de vous suicider tellement vous étiez inquiets.**

→ **Ne faites pas comme si de rien n'était quand il revient :**
- lire le journal sans lever le nez ;
- prendre le thé en vous empiffrant de gâteaux et en riant bêtement avec vos amies.

→ **Ne dites pas d'un air détaché :**

« Oh, c'est toi ! »

« Le chien est mort de chagrin. »

« Puisque tu es revenu,
profites-en pour descendre la poubelle. »

En revanche, mettez-le au régime car il s'est gavé de cake chez Mamie.

QUE FAIRE SI VOUS SENTEZ QUE VOUS ALLEZ CÉDER AUX DEMANDES RÉPÉTÉES, INSISTANTES, PERMANENTES, PÉNIBLES, OBSESSIONNELLES, MULTIPLES, AGAÇANTES DE VOTRE ADO COMME : « JE VEUX UN PIERCING. »

Regardez bien cette image.

VU ?

L'ACNÉ

Désolé, on ne peut pas rire de tout*.

** Mais ce n'est pas l'envie qui nous manque.*

L'INFIRMIÈRE DE LA DERNIÈRE CHANCE

Votre ado est à l'infirmerie : il a mal aux sinus.

Traduction :

il a mal au cosinus ou à Thalès ou même à Pythagore s'il a cours de maths ; il a mal à Voltaire et à Lagarde et Michard s'il a cours de français... et ainsi de suite.

À noter qu'une douleur au coccyx peut se décliner dans de nombreuses matières : orthographe, SVT ou EPS.

EXCELLENTES VACANCES DE NOËL !

Pour lui faire plaisir,
vous organisez des vacances de Noël **« SURPRISE »**,
mais la vraie surprise,

C'EST QU'IL NE VEUT PLUS PARTIR AVEC VOUS !

Manque de chance, vous avez vu les films *Projet X* et *Babysitting*. Donc, vous imaginez facilement, en le laissant seul dans votre appartement, toute votre décoration refaite du sol au plafond par 300 ados déchaînés, vautrés dans vos canapés, vidant vos placards et emboîtés les uns dans les autres sous vos draps. Courageusement, vous ne cédez pas et vous l'emmenez en vacances avec vous (malgré ses cris et ses insultes).

1/ En croisière : il n'y a aucun pote de son âge ou que des nazes : *« Y a que des vieux, c'est la dèche » et en plus « J'ai même pas une cabine pour moi tout seul ».*

Attention : votre ado pourrait rapidement péter les plombs, surtout s'il a le mal de ~~mère~~ mer, et vouloir débarquer lors d'une escale avec un billet d'avion Retour/Maison ou être débarqué par le capitaine dans une chaloupe en pleine mer avec 2 paquets d'Oréo, 1 litre de Coca et vous (car il n'est pas majeur)…

Conclusion : vos vacances seront foutues.

2 / En Grèce : vous l'entendrez ronchonner à chaque pas : « C'est quoi ces vieux machins tout pourris et tout démolis : y a eu la guerre ou quoi ici ? Trop de la merde ces vacances ! » (Désolé pour le Parthénon, Olympie et caetera...)

Attention : votre ado peut pourrir chaque visite de vos vacances. Le mieux est qu'il reste enfermé à l'hôtel devant son ordi (WIFI OBLIGATOIRE).

Conclusion : à moins que votre ado soit fan de féta ou de Nana Mouskouri (mais c'est rare), **vos vacances seront foutues.**

3/ Chez Mémé en rase campagne sans Wifi, ni ADSL, ni réseau 3G ou 4G. Rien sauf 1 potaG et 2 personnes aG.

Attention : c'est une situation délicate car votre ado va ruiner l'ambiance et tenter de vous fâcher avec toute la famille, surtout si Mémé est votre belle-mère !

Conclusion : à moins que Pépé soit un vieil hippie rigolo qui ne fume pas que des Gitanes maïs, **vos vacances seront foutues !**

Vous l'aurez compris, de toutes façons,
VOS VACANCES SERONT FOUTUES !

RAPPEL :

NE JAMAIS OBLIGER UN ADO
À PARTIR EN VACANCES AVEC VOUS.

AU LYCÉE, RIEN N'EST JAMAIS DE SA FAUTE

S'il est en retard,
c'est **à cause de la météo**
(il a dit « métro » ou « météo » ?
Vous ne savez plus mais comme il n'y a pas
de métro chez vous, ça doit être météo).

« Que des cons dans ma classe » :
mais alors pourquoi est-il
le dernier des cons ?

**« La prof ne peut pas m'encadrer
parce que je suis trop beau. »**

« Le prof est toujours absent
même quand je viens à son cours. »

**« Le prof est le remplaçant
du remplaçant de la remplaçante
en congé maternité. »**

« Notre prof de français est **allemand.** »

« Notre prof d'allemand est **souffrant.** »
(Nous aussi à force.)

« Je te jure que **la meilleure note** c'est 11 » :
après vérification, c'est 17…
« Ouais mais lui, ça ne compte pas parce que :
- c'est un redoublant ;
- son père a fait Polytechnique ;
- c'est un "*no life*". »

« Le prof me saque parce que
je suis plus intelligent que lui. »

« Le prof est **jaloux**
parce qu'il croit que je porte
une vraie Rolex. »

« Le prof de français est **amoureux** de moi,
c'est pour ça qu'il me saque. »

OÙ EST SA DEUXIÈME BASKET ?

Sous son lit (car il ne regarde jamais sous son lit) :

vous y dénicherez aussi l'épée de Dark Vador Playmobil coincée entre deux lattes du parquet. Celle qu'il avait perdue en décembre 2001 et que vous aviez demandé à tatie Germaine de racheter au magasin de Givors qui détenait le dernier modèle disponible en Europe.

Dans le casier de la piscine (car il avait natation vendredi) :

comment est-il rentré de la piscine avec une seule basket… mystère d'ado (les mystères d'ado feront l'objet d'une thèse à part entière en cours de rédaction par les auteurs dans le cadre de leur doctorat de théologie à la faculté de Lourdes).

Dans son cul !

Non, ça, c'est interdit : les auteurs vous rappellent que c'est vous l'adulte !

Au fond du placard de sa sœur :

ne cherchez pas, vous ne saurez pas, ils n'avoueront jamais ce qui s'est passé. D'ailleurs, s'en souviennent-ils ? Si vous avez du temps à perdre… mais est-ce vraiment nécessaire ?

À ce stade des investigations, on est en droit de se poser LA question :

→ **a-t-il bien acheté une PAIRE de baskets ?**

AFFAIRE DE LA DEUXIÈME BASKET

Les acariens enquêtent.

EFFET INDÉSIRABLE

Certes, l'ado a besoin de beaucoup d'amour. Néanmoins, évitez de lui caresser les cheveux pendant qu'il joue à *Assassin's Creed*.

Sinon, vous avez beau être le boss, vous allez subir un gros raid de hackers dans votre ordinateur.

PS : méfiez-vous pendant quelques jours de son chat Altaïr ou faites-lui enlever les griffes…

VOTRE ADO N'A JAMAIS RIEN À S'METTRE, CAR…

Les manches sont trop courtes.
Le col gratte.
On dirait celui de Mamie.
Lucie (qui est Lucie ?) a la même.
J'ai jamais aimé le rose.
Y a pas de poche.
Y a trop de poches.
Avec ça, je vais me faire racketter.
La braguette a trop de boutons.
La fermeture Éclair se coince.
Ce n'est jamais en solde.
Ce n'est pas du vrai jean.
Ça me fait un gros cul.
Ça me fait des petits seins.
On dirait que j'ai 12 ans.
C'est salissant.
C'est trop bleu.
C'est trop noir.
C'est trop rouge.
Tu me prends pour une *biatch* ?
Ça, c'était l'an dernier !
J'ai jamais aimé les kilts.
Taupe n'est pas une couleur
(c'est à peine un animal).
La vendeuse porte le même.
Ça fait gay.
On dirait Grand-père.
Donne-moi plutôt l'argent.

EST-CE QUE VOTRE ADO RISQUE UN BURN OUT*...

→ si elle n'est pas sortie de sa chambre depuis 30 heures ?
Non : elle vient juste de télécharger (illégalement ?) les vingt-quatre épisodes de la nouvelle saison de *Grey's Anatomy*.

→ s'il rentre de l'étude tous les soirs à 20 h 15 ?
Non : vérifiez juste la taille approximative de bonnet (95 C, D, E ?) de la nouvelle surveillante.

→ s'il vient d'acheter pour 62 euros les *Annales du bac* dans six matières ?
Non : il vient juste de vous arnaquer de 62 euros car le frère de Dorothée les lui a toutes données. Vous venez de faire un don de 62 euros à *GTA* (non, ce n'est pas une ONG).

→ s'il a les yeux cernés et ne mange plus du tout ?
Non : la nouvelle version de *FIFA 26* est juste sortie avant-hier.

→ si elle a les yeux cernés et ne mange plus du tout ?
Non : elle attend juste que Sacha réponde à ses 222 derniers SMS.

** Crise de surmenage généralement liée à un surcroît massif de travail... donc rien à craindre pour vos ados.*

QUE FAIRE SI VOUS SENTEZ QUE VOUS ALLEZ CÉDER AUX DEMANDES RÉPÉTÉES, INSISTANTES, PERMANENTES, PÉNIBLES, OBSESSIONNELLES, MULTIPLES, AGAÇANTES DE VOTRE ADO COMME : « JE VEUX UN SCOOTER. »

SCOOTER = JAMAIS DE VOTRE VIVANT !

JAMAIS

Entraînez-vous (tout haut) : « Jamais, tu m'entends, **jamais !** »

Entraînez-vous ~~(toute nue au bord d'une falaise)~~ tout haut : « Jamais, tu m'entends, jamais, moi vivante, jamais ! »

Entraînez-vous tous les jours !

CONSEIL TOTALEMENT INUTILE N° 8

NE CONFIEZ JAMAIS AUCUNE RESPONSABILITÉ À UN ADO, MÊME PAS CELLE DE POSTER UNE LETTRE*.

** OH MERDE : TROP TARD, VOUS L'AVEZ FAIT !*

⇒ **Priez pour que cette lettre ne soit pas destinée aux impôts...**

⇒ **En cas de relance de l'inspecteur des impôts, la lettre se trouve probablement :**

- dans sa chambre. BONNE CHANCE !
- dans son carnet de correspondance (ne nous demandez pas pourquoi).
- dans son carnet de correspondance qu'il a d'ailleurs perdu (mais pourquoi ?).
- dans le caniveau (!).
- dans sa poche depuis quinze jours.
- dans sa poche avec un chewing-gum collé dessus.
- dans la poche de son pantalon qui est dans la machine à laver déjà en route (pour une fois qu'il a mis lui-même un truc à laver, c'est pas de chance).
- dans l'étui de sa raquette de tennis chez papi Georges à Menton.
- il s'en est servi comme papier de brouillon (de maths)...

DONC, NOUS LE RÉPÉTONS :

NE CONFIEZ JAMAIS AUCUNE RESPONSABILITÉ À UN ADO.

CHANTAGE* : L'ARME ATOMIQUE DES PARENTS

À l'ado qui hurle :

« Ce que tu fais, là, c'est trop du chantage ! »

Répondez :

« Oui, absolument. »

Pourquoi ?

Parce que ça marche !

ET C'EST SI BON !

** Le chantage, c'est mal, mais vous vous en foutez complètement.*

LE CONTRÔLE PARENTAL

L' ARME DE DISSUASION LA PLUS TOTALEMENT INUTILE DANS UN MONDE D'ADOS

Mais alors, à quoi ça sert ?

À rendre heureux les ados qui vont réussir à le contourner en quelques minutes, voire quelques secondes pour les plus doués.

C'est excellent pour leur confiance en eux.

C'est pourquoi nous recommandons vivement le contrôle parental.

P..... de B..... de M...., c'est toi qui as changé le code parental ?

MON ADO D'EXTÉRIEUR

**Aïe, aïe, aïe,
votre ado est invité
chez un copain.**

Angoisse totale, il va vous coller la honte,
il va sentir mauvais, voler,
envoyer des SMS à table...

Vous n'en dormez plus,
vous pensez déménager,
appeler la famille qui l'a invité
pour les dégoûter de le recevoir,
vous en parlez au psy,
au boucher, à la gardienne,
au cochon d'Inde en fin de vie...

STOP !

Ne paniquez pas !

Vous ne le saviez pas mais votre ado se métamorphose à l'extérieur.

Vous allez entendre :

« Mais il est tellement sympa votre fils ! »
(Ah bon ?)

« Il est si drôle ! »
(Vous devez manquer d'humour, alors.)

« Il est formidable, il m'a même aidée à mettre la table. »
(Au secours, vous allez vous scarifier si elle continue.)

Et (pour vous achever) elle ajoute :

« Ne vous inquiétez pas, il a fait son devoir de maths, mon mari a vérifié ce matin. »

Et là, vous avez envie de dire :

« Gardez-le, je vous en supplie, et rendez-le-nous dans deux ans. »

MON ADO, DIEU ET MOI
(PETITE PRIÈRE)

Seigneur, faites qu'il rentre à l'heure
Mon Dieu, protégez sa sœur
Que les repas redeviennent des galas
Que les bulletins ne me tombent plus des mains
Faites que la crise ne dure qu'un jour
Qu'il m'aime à nouveau et pour toujours
Seigneur, faites qu'il lâche ses SMS
Et qu'il arrête de mater des fesses
Éloignez-le du porno
Faites qu'il ralentisse sur les Pépito
Et même si je dis non au chien
Au scooter et aux gros seins
Seigneur, donnez-moi votre soutien
Pour qu'il reparle dans la langue des siens
Au nom du père, de la mère et de l'ado

Les auteurs ne garantissent pas le résultat, mais c'est le principe de la prière !

En revanche, nous déconseillons cette prière en famille et avant les repas. Ce sont déjà des moments assez compliqués, inutile d'en rajouter. Cette prière peut être faite seul et en couple, le soir ou le matin, et pourquoi pas dans sa salle de bains, à voix haute ou en pensée et même en faisant le marché.

OUF ! ELLE KIFFE LES VIEUX
(DE MON ÂGE)

Si votre fille aime les hommes plus âgés qu'elle :

réjouissez-vous !

1 Enfin quelqu'un à qui parler pendant les repas.

2 Avec un peu de chance, il ne lira pas ses textos en mangeant.

3 Il ne quittera pas la table quand il n'aura plus faim.

4 Il ne versera pas de Coca dans son bordeaux.

5 Il ne tranchera pas sa laitue avec le couteau.

6 Il ne mettra pas ses coudes sur la table.

7 Il ne vous enverra pas de coups de pied dans les tibias.

8 Il ne ricanera pas en vous regardant par en dessous.

9 Il ne vous dira pas que vous êtes encore bien pour votre âge.

L'ARNAQUE AU BOUQUET DE FLEURS

Votre ado vous offre des fleurs
alors que ce n'est ni la fête des Mères,
ni votre anniversaire, ni votre oraison funèbre.

Il vous gratifie d'un sourire commercial
et vous embrasse.

NE VOUS RÉJOUISSEZ PAS TROP VITE !

Vous allez être victime
d'une grosse arnaque.

→ Au mieux, il a eu une très mauvaise note.

→ Au moins pire, il redouble.

→ Au pire, il est viré du lycée.

→ Au pire du pire, il vous annonce
qu'il préfère vivre chez son père.

De toute façon, vous détestez les œillets.

LES COURRIERS DE PARENTS D'ADOS

auxquels nous devons répondre même s'il n'existe aucune réponse intéressante, ~~efficace, probante, fiable, intelligente, appropriée, adaptée, durable~~.

Sujet : les gros mots

Question de Martine,
38 ans, de La Roche-sur-Yon,
mère de Jéremy (14 ans) :

« J'ai failli traiter mon ado de gros naze... En fait, je l'ai vraiment fait hier... J'étais au bout du rouleau, dois-je m'excuser ? »

Notre conseil : oui, il est préférable de vous excuser et de le rassurer : dites-lui bien que vous ne pensiez pas « GROS ».

Mais au fait, pourquoi les ados adorent-ils lire des mangas ?

Personne n'en sait rien puisque aucun adulte n'en a jamais lu. Sans doute pour le plaisir d'humilier leurs parents en faisant des choses qu'ils ne savent pas faire. Mais grâce à ce livre, cette situation ne va pas durer.

ATTENTION DE NE PAS TENIR LE LIVRE À L'ENVERS
SINON VOUS NE POURREZ PAS LE LIRE DU TOUT
MÊME EN LISANT CHAQUE LIGNE DE DROITE À GAUCHE.

Si vous n'avez toujours pas compris, demandez à votre ado !

APPRENEZ À LIRE UN MANGA AUSSI BIEN QUE LUI

(lire page de droite puis page de gauche)

Un manga se lit **de gauche à droite** comme un livre ~~normal~~ occidental sauf qu'il se lit à l'envers, c'est-à-dire **de la dernière page à la première**. Oui, c'est très chiant au début, mais après on s'y habitue.

Les Japonais adorent la France, les peintres impressionnistes, le saumon à l'oseille, le saint-marcellin, le mont Saint-Michel et même, pour les plus courageux, le munster et le beaujolais nouveau, alors on leur doit bien ça.

De plus, les Japonais nous ont donné le karaté, les sashimis au thon, le Walkman (outil préhistorique à écouteurs), les geishas, le karaoké et même *L'Empire des sens*, premier film de cul non pornographique. Enfin, nous vous promettons que l'édition japonaise de notre livre *Mon ado est un gros kaminaze* sera imprimée à la française.

L’EAU PRÉCIEUSE

On vous a déjà dit qu’on n’en parlerait pas.

L'acné, enfin discipline olympique en 2018 !

AVERTISSEMENT

Les psys vont détester ce livre, mais on s'en fout.

Au début, on les aimait bien, ils nous ont reçus (après deux ans d'attente), ils nous ont écoutés, parfois ils nous ont même souri… Mais une fois seuls avec nos ados, ils ont dit du mal de nous et ils nous ont même convoqués pour nous faire comprendre, moyennant 80 euros (mal remboursés), qu'on avait tout merdé, qu'on était des gros nuls et qu'il ne fallait pas s'étonner d'en être arrivés là.

Pour cette somme modique, le psy n'a pas manqué de dispenser des conseils insensés, tels que :

« Pour que votre ado dorme plus tôt, retirez tous les appareils électroniques de sa chambre, éteignez son ordinateur et son portable une heure avant son heure d'endormissement*. »

« Faites-lui faire des mouvements de gym le matin au réveil devant la lumière avant d'aller au lycée. »

« Renouez le dialogue bien qu'il vous ait traitée de grosse morue dans la file d'attente du boucher (il aurait pu attendre d'être chez le poissonnier). »

MAIS BIEN SÛR, MONSIEUR LE PSY, c'est si facile que JE TE PROPOSE DE VENIR LE FAIRE TOI-MÊME, EN VOUS REMERCIANT !

** Et sinon, c'est quand l'heure d'endormissement ?*

LA FORMULE MAGIQUE : DATP (ET NON RATP)

Lorsque votre gros naze d'ado vous pose une question bien nulle du genre :

« Est-ce que je peux aller au Touquet seul avec mes potes ce week-end ? »

« Est ce que tu peux me signer une dispense de piscine d'un mois car je ne me sens pas très en forme en ce moment ? »

Dégainez la formule magique :

« Demande à ton père » (DATP).

C'est imparable.

Vous verrez qu'avec un peu de pratique, il vous suffira de dire « DATP ».

LES COURRIERS DE PARENTS D'ADOS

auxquels nous devons répondre même s'il n'existe aucune réponse intéressante, ~~efficace, probante, fiable, intelligente, appropriée, adaptée, durable~~.

Sujet : la baffe

Question de Jocelyne,
45 ans, de Guéret,
mère de Romuald (15 ans) :

« Chaque jour, j'ai envie de mettre une grosse baffe à mon ado, suis-je normale ? »

Notre réponse : oui tout à fait, Jocelyne, vous êtes normale, en tout cas sur ce sujet car on ne vous connaît pas en fait !

Notre conseil : COURAAAAGE et surtout ne passez pas à l'acte et résistez au mieux en mangeant des sardines. Mettez-vous également ~~au yoga~~ à la boxe, mais uniquement pour vous défendre, car ATTENTION, lui aussi a envie de vous en mettre une !

VOTRE ADO ADORE LES FILMS DE VAMPIRES. POURQUOI ?

**Des créatures qui dorment
toute la journée,
dont le corps se transforme
en se recouvrant de poils
et qui sucent le sang
de victimes innocentes.**

ÇA NE VOUS RAPPELLE ~~RIEN~~ PERSONNE ?

LEÇON DE PSYCHOLOGIE (I)

S'il vous dit :

« De toute façon,
vous entravez que dalle. »

Ne répondez pas :

« Tu n'as qu'à me parler
en français. »

MON ADO EST UN GROS NAZE : POURQUOI CE TITRE ?

Pour le trouver, les auteurs ont réalisé un sondage dans des conditions précaires, sans stylo ni cutter, auprès d'un échantillon restreint de personnes adultes non représentatif de la population française.

Question posée :
d'après vous, quel qualificatif correspond le mieux à votre ado ?

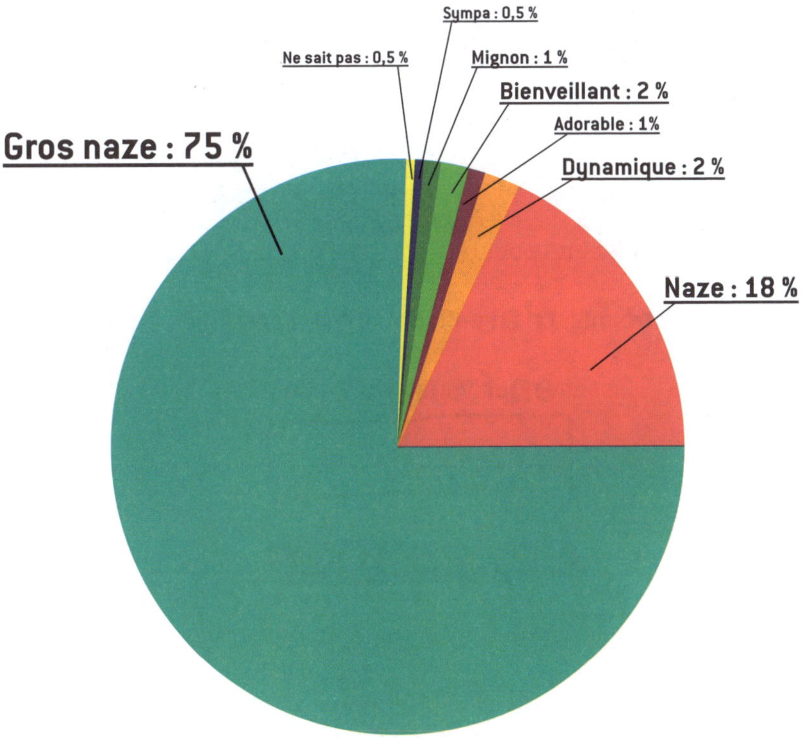

T'AS VU, J'SUIS CONNU !

VOTRE ADO VEUT ÊTRE CÉLÈBRE
et s'inscrit à une émission de téléréalité.

SI VOUS ÊTES CONTRE CETTE IDÉE,

RÉAGISSEZ VITE.

Si, pensant bien faire, vous envoyez à la production de faux témoignages l'accusant d'avoir :

- pelé son chat à 4 ans ;
- séquestré son frère dans une maison en Lego ;
- essayé de vendre sa sœur chez Ikea avec la chambre ;
- donné des biscuits pour chien à son Pépé ;
- incendié votre maison en enflammant ses pets dans le jardin…

sachez que vous venez d'en faire

LE CANDIDAT IDÉAL !

Alors saisissez votre dernière chance :
INSCRIVEZ-VOUS AUSSI !
Dites-lui que ça va être génial
de participer à cette aventure ensemble.

Normalement, il devrait renoncer très vite…
sinon tant pis, préparez-vous à être célèbre aussi.

ET CHEZ LES AUTRES, C'EST COMMENT ?

NOTRE ADO EST UN GROS NAZE, MAIS…

1

Le fils des Dumas est en prison, ça la fout mal pour le fils du
(rayer la mention inutile)
président du Rotary, chef de clinique, prof de français…

2

Béatrice, la fille de votre cousine germaine, tapinait sur le Net pour s'acheter un sac Vuitton, et en plus, c'est son beau-père qui s'en est rendu compte.

3

Magali Sanson-Duval a raté le permis pour la sixième fois, donc elle ne trouve pas de travail. C'était bien la peine d'avoir le bac avec « Les félicitations du jury ».

4

Thibault de Noirsoleil, triple champion de France universitaire avec l'équipe de rugby du lycée, vient de se fracturer la mâchoire et les deux clavicules dans sa salle de bains en s'extrayant un comédon récalcitrant debout sur un tabouret.

Alors d'accord, ça ne résout rien, mais on se sent moins seul !

QUAND LA DOUDOUNE EST BONNE, BONNE, BONNE, BONNE

(SUR L'AIR DE LA CHANSON DE J.-J. GOLDMAN)

Votre ado ne veut plus aller au collège et vous êtes très inquiets.

Est-il victime de racket, de harcèlement, ou pire ?

Vous paniquez et vous mobilisez toute votre énergie
pour aider votre enfant.

En fait, il a un problème beaucoup plus grave.

**Il a le plus gros problème
d'un ado en hiver :**

sa doudoune n'est plus à la mode cette année !

**IL NE PEUT DONC ALLER
NI AU COLLÈGE, NI AU LYCÉE !**

IL EST PIRE QUE NU,

IL EST DÉMODÉ.

OKAYYYYY ?

LES COURRIERS DE PARENTS D'ADOS

auxquels nous devons répondre même s'il n'existe aucune réponse intéressante, ~~efficace, probante, fiable, intelligente, appropriée, adaptée, durable~~.

Sujet : le jouet

Question de Sylvie,
39 ans, de Pontoise,
mère de Gaëlle (16 ans) :

« J'ai trouvé des menottes en velours rose dans la chambre de ma fille ! Est-ce normal ? »

Notre réponse : oui, c'est normal, rassurez-vous, elle a bon goût, elle aurait pu acheter des menottes kaki et noir imitation croco.

Notre conseil : confisquez-les afin de les tester rapidement ! Vous verrez que cela procure des sensations intéressantes, voire sympathiques. Batifoler avec votre conjoint (enfin !) mettra du piment dans votre couple et rendra toute la famille heureuse.

LES OBJETS EMPRUNTÉS QUE VOUS NE REVERREZ JAMAIS

(NON, JAMAIS, ON VOUS DIT)

1

Votre crème de nuit à base de caviar
et de poussière d'or
(80 euros le millilitre).

2

Vos collections complètes d'albums
de Tintin, Astérix et Lucky Luke.
Qu'en ont-ils fait ?

3

Votre pull préféré, le bleu électrique en mohair
(le même qu' Anne Sinclair), le plus cher,
pas celui acheté 5 euros sur eBay.

4

Votre bulletin scolaire de quatrième B (1977),
celui où vous aviez eu 4/20 de moyenne
en maths avec Mme Couillaire.
C'était l'année du divorce de vos parents.
D'ailleurs, c'est votre propre mère
qui leur a donné pour se venger.
De quoi ?

5

Les clés de l'appartement
(tous les six mois).

6

Sticky Fingers*, édition originale et limitée
(cadeau de mariage).

7

Votre stylo-plume offert par votre femme lors de votre deuxième réconciliation. Que vont-ils en faire ? Ils ne savent même pas qu'il faut le remplir avec de l'encre !

8

Votre sac à main de marque très renommée rapporté du Maroc au péril de votre vie. Pourtant, elle sait que c'est un faux.

9

Dix-sept paires de chaussettes malencontreusement rangées dans son placard.

10

La montre en or que votre grand-père a portée au poignet jusqu'à sa mort. Non, ils n'ont pas osé la revendre sur eBay, mais ils l'ont complètement détruite : verre cassé, mécanique inondée et remontoir perdu. Mais comment font-ils ?

11

La veste de smoking de votre mariage : introuvable depuis la soirée déguisée du Nouvel An. Certes, vous ne rentriez plus dedans, mais c'était un souvenir.

** Pour ceux qui sont plutôt Justin Bieber, voire Britney Spears, et sans aucun jugement de valeur de notre part,* Sticky Fingers *est un album extraordinaire des Rolling Stones sorti en 1971 : un monument du rock. Bref, un album culte pour les Vieux.*

TÉMOIGNAGE D'UNE MÈRE NULLE EN PORNO

Il existe un site, extrêmement fréquenté par les ados, que nous avons été obligés de visiter par conscience professionnelle : YouPorn. Comme son nom ne l'indique pas, YouPorn est le plus important site pornographique gratuit du monde.

« J'ai entendu prononcer ce nom pour la première fois par mon fils lorsqu'il avait 10 ans (au secours !). Je ne me suis pas du tout inquiétée car j'ai cru qu'il s'agissait de **regarder YouTube en mangeant du pop-corn**.
En fait, pas du tout.

Alors pour comprendre, barricadée dans ma salle de bains, je me suis connectée. L'angoisse m'a étreinte quand j'ai vu des femmes à très forte poitrine dans des poses… dans des poses donc, avec une ou plusieurs personnes de sexe différent ou pas. »

DU PORNO GRATUIT POUR NOS ADOS !
Si vous souhaitez vous y risquer, vous verrez des images que vous n'aviez encore jamais vues mais que peut-être vous ne souhaitiez jamais voir (même majeur). Personnellement, je vous le déconseille !

Si malgré tout vous tentez l'expérience, vous serez considérée comme une MILF, mais sachez que vous recevrez longtemps des propositions très alléchantes et autres pubs malveillantes que vous aurez beaucoup de mal à justifier auprès de votre entourage et particulièrement de votre conjoint, qui lui connaît bien YouPorn (si si).

Par précaution, prévoyez donc de ne pas prêter votre ordinateur dans les trois à six mois suivant l'expérience.

« Voilà, je referme mon ordi, j'espère que je saurai effacer l'historique. Il ne manquerait plus que mes enfants me prennent pour une *sex addict*. »

YouPorn, c'est (parfois) regarder YouTube en mangeant du pop-corn.

PS : pour ceux qui ne parlent pas bien anglais : **MOTHER I WOULD LIKE TO FUCK (MILF)** *signifie « maman que j'aimerais bien b... ».*

ALORS SOYONS CLAIRS :

quand t'es ado,
si tu ne vas pas
sur YouPorn,
t'as raté ta vie !

LE CHANTAGE, C'EST MAL

MAIS VOUS VOUS EN FOUTEZ COMPLÈTEMENT.

Parce que ça marche !

INTERVIEW RATÉE D'ADO

(ET NON INTERVIEW D'ADO RATÉ)

Par souci d'équilibre du temps de parole, les auteurs ont souhaité confier la parole aux ados.

Voici, en substance, un résumé de nos 47 entretiens réalisés dans la France entière :

Comme vous pouvez le constater, les ados n'ont répondu à aucune question sauf par quelques onomatopées qui n'éclaireront pas nos lecteurs. Pendant l'interview, ils ont envoyé et répondu à 666 SMS, ils ont regardé en ricanant une dizaine de vidéos sur YouTube, ils ont peut-être visionné une vidéo sur YouPorn sans le son donc nous n'en avons pas la preuve.

Les ados ont jeté des regards bovins à l'intervieweur, ont eu un rictus cynique en apercevant ses baskets soi-disant vintage, n'ont dit ni « au revoir », ni « merci », ni « merde » (n'avaient pas dit « bonjour ») et ont laissé en souvenir un chewing-gum collé sous le bureau et « *Fuck you* » sur le mur des toilettes.

Bilingues et artistes : une magnifique génération nous tend les bras.

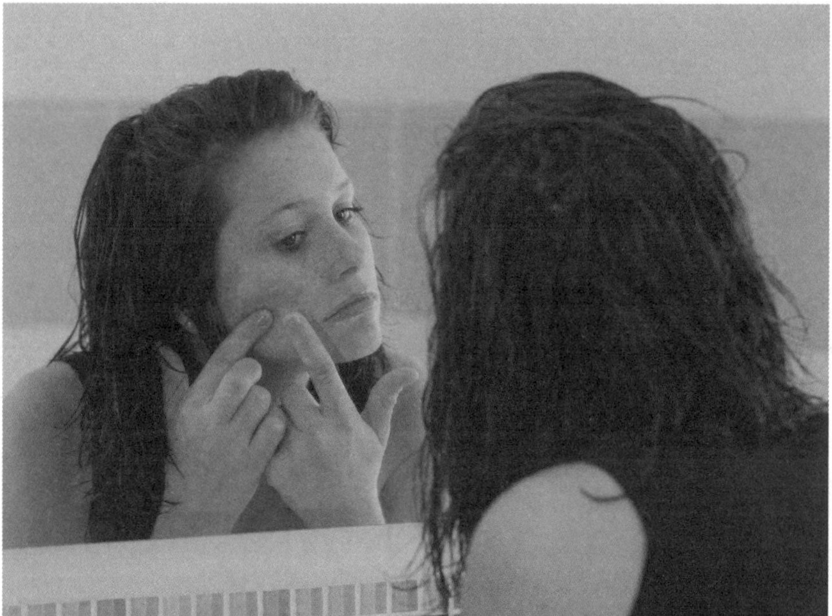

POURQUOI NE DOIT-ON JAMAIS FRAPPER UN ADO ?

Parce qu'il est plus fort que vous.

SAMEDI SOIR : 23 H 38
DIALOGUE DE SOURDS EN SMS

ADO - j'dor chez Liz, sa mère è ok

MUM - Non, tu rentres.

ADO - stp, g pas cours dmn

MUM - Non, tu rentres.

ADO - 2 h ?

MUM - Non

ADO - Allé steuplé, pr 1 foi, soi cool...

MUM - Non

ADO - c'est son birthday, après le gâteau

MUM - Quelle heure ?

ADO - 0 h

MUM - Qui te ramène ?

ADO - son père

(Tu parles c'est le frère de Liz qui la ramènera, en scooter et sans casque.)

MUM - OK

ADO - merci, t génial, j'tdr, pa la peine 2 m'attendre

(Elle se foutrait pas un peu de ma gueule ?)

PROMESSES ~~D'IVROGNES~~ D'ADOS

Je l'aurai avec mention.

Je ne fume plus depuis Noël.

Je travaillerai chez Papa.

Tous mes amis en ont.

Je rentre tout de suite.

Tout le monde le fait.

DEMAIN.

Si, j'écoute !

J'y joue pas,
la nouvelle PS est nulle.

Je ne sors plus pendant un mois.

**JE NE REGARDE
PLUS DU TOUT LA TÉLÉ.**

LA NÉGOCIATION, C'EST QUOI ?

La négociation, c'est la dernière chance avant le chantage*.

** Chantage : action d'extorquer de l'argent ou tout autre avantage par la menace.*

PS : non seulement il est inutile de savoir chanter juste mais il est parfois préférable d'être injuste.

VOTRE ADO EST PEUT-ÊTRE UN GROS NAZE, MAIS LUI…

- **Il sait résoudre cette équation : (a + b) (a - b)**
(depuis la seconde).

- **Il connaît la superficie de la Corse**
(depuis le CE2).

- **Il sait ce qu'est un oxymore**
(depuis la troisième).

- **Il sait pourquoi Homer Simpson est jaune**
(depuis la maternelle).

- **Il connaît la date d'armistice de la Première Guerre mondiale**
(depuis la quatrième).

- **Il sait retrouver votre hôtel dans sa deuxième langue**
(allemand ou espagnol ou russe)
(depuis la seconde).

- **Il sait disséquer une grenouille sans vomir**
(depuis la sixième).

- **Il sait interpréter l'*Hymne à la joie*** à la flûte à bec sans fausse note
(depuis la cinquième).

- **Il sait sauter une barre de 0,85 m** sans se faire un claquage musculaire
(depuis longtemps).

- **Il sait comment les bonobos apaisent leurs tensions sociales**
(depuis toujours).

LEÇON DE PSYCHOLOGIE (II)

S'il vous dit :

« Il n'y a que les notes qui vous intéressent. »

Ne répondez pas :

« Non, il y a les appréciations aussi ! »

L'ADO EST INVIVABLE

Mais nous le comprenons :
mettons-nous 2 secondes à sa place :

**cheveux gras, acné, gros cul, mue,
appareil dentaire...**

**C'est vrai que vu comme ça...
ce n'est pas évident, évident !**

QUE FAIRE QUAND VOTRE ADO S'EST FAIT LARGUER ?

RIEN !

Et surtout pas :

En rire

En pleurer

Dire :
⚠ « Une de perdue, dix de retrouvées. »
⚠ « Une de perdue, dix potes de retrouvés. »

Dédramatiser

Chantonner (même en cachette)

Ou dire :
⚠ « Maman va te faire les crêpes que tu aimes tant. »
⚠ « De toute façon, elle avait un gros cul. »
⚠ « De toute façon, personne ne l'aimait. »
⚠ « Heureusement que Maman ne lui avait pas encore donné la bague de Mémé. »
⚠ « C'est con, elle faisait bien la mousse au chocolat. »
⚠ « Alors avec qui tu vas partir pour Noël ? »
⚠ « Et elle l'a rencontré où ce fameux Kevin ? »

QUE FAIRE SI VOUS SENTEZ QUE VOUS ALLEZ CÉDER AUX DEMANDES RÉPÉTÉES, INSISTANTES, PERMANENTES, PÉNIBLES, OBSESSIONNELLES, MULTIPLES, AGAÇANTES DE VOTRE ADO COMME : « JE VEUX SORTIR EN SEMAINE. »

Relisez bien son dernier bulletin scolaire et spécifiquement les appréciations des professeurs :

« Dort en classe. »

« Semble absent. »

« Retards injustifiés : douze en un mois ! »

DONC NON !

MON ADO EST BILINGUE
(AVEC ACCENT)

Fantastique !
Dans notre univers multiculturel et mondialisé,
c'est même fondamental pour son avenir.

OUI... mais non, car mon ado est bilingue « racaille ».

Aujourd'hui, tous les ados, de province, de Paris et de banlieue sont bilingues « racaille ». Toutes leurs phrases commencent par « Vas-y, non mais attends, oh non mais vas-y, c'est bon là...

J'ai trop le seum, c'est auch avec mes remps ! »

Et cet accent... mon Dieu, cet accent !

Pourquoi, à votre avis ?

Pour emmerder leurs parents et être incompréhensibles.
(Comme s'ils avaient besoin de ça !)

Pour respecter le mystère de ce patois juvénile et malgré de puissantes pressions éditoriales, les auteurs ont choisi de ne pas traduire ce savoureux dialecte.

Néanmoins, pour nos lecteurs les plus courageux et les plus érudits, il existe d'excellents ouvrages spécialisés aux éditions Salbatards & Cousins/Presses de la Téci.

JEU DES 7 ERREURS SELON L'ADO, DONC JEU DES 15 ERREURS

Le propre de l'ado étant d'être souvent dans l'exagération !

Solutions : serviette par terre en boule - Paquet de Pépito vide par terre - Eau partout - Tartine de confiture sur le bord de la baignoire - Slip - Chaussettes sales - Shampoing renversé qui se déverse dans la baignoire - Pommeau de douche qui pend - Brosse à dents à côté du verre à dents - Trace non identifiée mais suspecte : crachat, bouton éclaté ou… (voir YouPorn p.118) - Lettre pour le Trésor public qu'il a oubliée depuis trois semaines (voir p.92) - Une basket sur le bord de la baignoire - Un pansement collé au-dessus du lavabo - Flacon renversé - Bouteille de soda presque vide dans le lavabo.

ULTIME TEST AU RAID : la négociation de l'extrême.

QUELLE EST LA DIFFÉRENCE ENTRE LA NÉGOCIATION ET LE CHANTAGE ?

AVEC LE CHANTAGE,
LES PARENTS GAGNENT
À TOUS LES COUPS.

LA NÉGOCIATION ET LE CYCLE DE LA VIE

Exemple de négociation : **votre ado ne veut plus manger à la cantine.**

Votre négo avec lui est ~~lipide~~ limpide :

« OK, tu ne manges plus à la cantine un jour par semaine. »

Réponse de l'ado à la négo : il est d'accord pour un jour sans cantine (et il est même possible qu'il vous remercie de votre gratitude et vous sourie, voire qu'il soit aimable avec vous le soir même).

Fin du mois : vous payez la facture de la cantine avec un jour en moins, tout est normal jusque-là.

Après enquête ou suite à une dénonciation (meilleure amie, gardienne, prof, teinturier) : vous réalisez que votre ado a mangé tous les jours dehors (voire vous apprenez en même temps qu'il a séché les cours).

Dommage collatéral : il manquait 50 euros dans votre porte-monnaie, c'est normal puisqu'il fallait bien que votre ado paye ses repas à l'extérieur *(se reporter p. 36, « Votre ado vous fait-t-il les poches ? »)*.

Cherchez le kebab...

PLANNING DE VACANCES D'ADO

Mai → Roland-Garros

Juin → Fête de la Musique

Juillet → Tour de France → Mémé

Août → Chloé → Foot Championnat de France

Septembre → ~~Révisions~~ → Rentrée

Décembre

23 → Réveillon Noël Papa

24 → Réveillon Noël Maman

25 → Réveillon Noël Mémé

26 → Gastro

27 → Repos

28 → Repos

29 → Courses

30 → Réveillon Jour de l'an amis

31 → Réveillon copains

01 → Réveillon potes

02 → Digestion

03 → Gastro

04 → ~~Révisions~~

05 → Rentrée DST

QUE FAIRE SI VOUS SENTEZ QUE VOUS ALLEZ CÉDER AUX DEMANDES RÉPÉTÉES, INSISTANTES, PERMANENTES, PÉNIBLES, OBSESSIONNELLES, MULTIPLES, AGAÇANTES DE VOTRE ADO COMME : « JE VEUX VIVRE TOUT SEUL DANS UN STUDIO. »

Attention !

Soyez très vigilant, celle-ci est la plus tentante.

Pourvu que vous ne sentiez même pas 1 seconde
que vous allez céder à cette demande
– tellement séduisante il est vrai – parce que là,
nous savons que vous seriez capable de dire oui
pour enfin avoir la paix !

MAIS NON !

Vous aimez votre ado,
même si ce n'est pas évident du premier coup !

→ **DONC NON !**

UN ADO N'A JAMAIS D'ARGENT SUR LUI QUAND IL EST AVEC VOUS

POURQUOI ?

POURQUOI ?

POURQUOI ?

POURQUOI ?

POURQUOI ?

POURQUOI ?

POURQUOI ?

POURQUOI ?

POURQUOI ?

POURQUOI ?

BONS À DÉCOUPER POUR UN CHANTAGE

BON À DÉCOUPER POUR UN CHANTAGE

Vider la poubelle
contre une sortie avec les potes.

BON À DÉCOUPER POUR UN CHANTAGE

Remplir le lave-vaisselle
contre une sortie avec les potes.

BON À DÉCOUPER POUR UN CHANTAGE

Ranger sa chambre
contre une sortie avec les potes.

BON À DÉCOUPER POUR UN CHANTAGE

Acheter et porter 12 bouteilles d'eau minérale
contre une sortie avec les potes.

BON À DÉCOUPER POUR UN CHANTAGE

Installer la box chez Mamie
contre une sortie avec les potes.

BON À DÉCOUPER POUR UN CHANTAGE

Une bonne note*
contre une sortie avec les potes.

BON À DÉCOUPER POUR UN CHANTAGE

Un week-end en famille chez Papi et Mamie
contre 50 €.

BON À DÉCOUPER POUR UN CHANTAGE

Réparer la box chez Mamie
contre 50 €.

BON À DÉCOUPER POUR UN CHANTAGE

Une bonne note**
contre 50 €.

Vous pouvez photocopier ces bons

En effet, les auteurs sont conscients que neuf bons pour une moyenne de quatre ans de crise d'ado ne seront pas suffisants. Les auteurs sont heureux de vous y autoriser, car pour l'avoir testé eux-mêmes, ils savent très bien que cela fonctionne !

** Hors EPS, FLÛTE À BEC, ARTS PLASTIQUES et autres matières qui ne comptent pas pour le passage dans la classe supérieure.*

*** Toujours prêts à tout pour une bonne note.*

ATELIER LOISIRS CRÉATIFS

CRÉEZ VOUS-MÊME VOS PROPRES BONS DE CHANTAGE

- 1 feuille de papier
- 1 crayon
- Des stabilos
- 1 double décimètre
- Papier Canson
- Papier millimétré
- 1 paire de ciseaux
- 1 tube de colle
- 1 000 gommettes…

… ou un ordinateur (!)

Trouvez une idée de chantage comprenant :

Votre souhait
+
Un désir d'ado

Votre souhait est en général quelque chose que vous demandez souvent et que vous n'obtenez jamais ou très rarement ou en hurlant, voire en menaçant, voire en arrachant vos vêtements.

Un désir d'ado : prenez des choses simples souhaitées par l'ado.

Bien sûr, il est hors de question de choisir CE QUE VOUS NE VOULEZ ABSOLUMENT PAS ! *(Se référer aux demandes d'ado, p. 74, 79, 91, 132, 140.)*

Présentez l'ensemble, en couleur, en noir et blanc, en français, évitez tout ce qui est rébus, charade, équation…

Et voilà ! C'est facile et ça ne coûte pas cher !

Pour les plus créatifs, n'hésitez pas à personnaliser vos bons.

Photo d'identité de votre ado,
dessin de cœur, de LOL…
Message personnel…

Exemple de BON SOPHISTIQUÉ

Bon à découper pour un chantage

Ranger sa chambre
contre une sortie avec les potes.

LA NÉGOCIATION, C'EST QUOI ?

C'est ce qu'on pense faire
en sortant de chez son psy...

... et qui ne fonctionne plus
en face de son ado.

SERVICE APRÈS-VENTE MON ADO EST UN GROS NAZE

LES AUTEURS
SONT HEUREUX
DE VOUS PROPOSER
EN CAS DE BESOIN :

UN ATELIER CHANTAGE.

N'HÉSITEZ PAS
À VOUS INSCRIRE
LORS DES SÉANCES
DE DÉDICACES.

**TOUTES LES INFORMATIONS UTILES
SERONT DIVULGUÉES
À CE MOMENT-LÀ.**

EXEMPLE DE BONNE NÉGO POUR UN PARENT AVEC UN ADO...

Les auteurs cherchent encore un exemple et reviendront vers vous s'ils trouvent (mais on ne va pas se la raconter, c'est pas gagné du tout... du tout...).

ÉCOLE PRIVÉE OU ÉCOLE PUBLIQUE ?

Voici notre contribution décisive à ce débat d'intérêt général qui occupera encore longtemps des générations de parents.

	ÉCOLE PRIVÉE	ÉCOLE PUBLIQUE
Avenir professionnel	***	***
Éducation sexuelle	*	****
Expériences sexuelles	*****	*
Pédagogie	**	**
Correspondante allemande	*****	*
Cantine	*	-
Réussite au bac	***	*
Réussite aux grèves	*	****
Assistante sociale	-	***

VOUS ÊTES CÉLIBATAIRE ET SOUHAITEZ LE RESTER

FACILE !

Présentez votre nouvel amoureux à votre ado.

92,6 %*
de chance
de le faire fuir.

** Sondage effectué en ligne sur le site spécialisé : www.jaiunadomaismaviedefemmenestpasmortepourautant.com*

OBSESSION

PASSE TON BAC
mais
RANGE TA CHAMBRE D'ABORD.

Alors qu'il vient d'apprendre le fameux :

« Va, cours, vole et nous venge »,

extrait du *Cid* de Corneille.

Tentez donc un :

« Va, cours, vole, nous venge et range ta chambre. »

Même si ça ne sert à rien,
ça fait du bien !

AU SECOURS, MON ADO ME FLIQUE !

- **Il veut savoir** où je vais et avec qui.
- **Il veut savoir** quand je rentre.
- **Il fouille** toutes mes affaires en mon absence.
- **Il donne son avis** sur mes lunettes, mes chaussettes, ma coupe de cheveux alors que je ne lui demande rien.
- Il hurle « **vert** » quand le feu passe au vert et « **accélère** ! » quand on croise son prof de maths.
- **Il se renseigne** sur ma politique immobilière, mon découvert bancaire et mes projets d'assurance-vie.
- **Il m'interroge** puis vérifie mes réponses sur Wikipédia.
- **Il me demande** combien il me reste de points sur mon permis.
- **Il me demande** le prénom de mes ex.

PEUT-ÊTRE QU'IL VEUT TÉMOIGNER CONTRE MOI EN CAS DE DIVORCE.

POTE : DÉFINITIONS

1

POTE : INDIVIDU QUE VOTRE ADO AIME PLUS QUE VOUS.
(Oui, avant c'était vous qu'il aimait plus que tout.)

2

POTE : INDIVIDU AVEC QUI IL RIT SOUVENT ET BÊTEMENT.
(Vous voyez, votre ado n'est ni neurasthénique ni dépressif.)

3

POTE : INDIVIDU AVEC QUI IL DÉJEUNE BEAUCOUP.
(À vos frais et c'est très cher !)

4

POTE : INDIVIDU AVEC QUI IL PARLE, QU'IL SOUHAITE VOIR, QU'IL DOIT VOIR, QU'II EST OBLIGÉ DE VOIR, ET SANS QUI IL NE PEUT PLUS VIVRE !
(Oui, on sait, avant c'était vous…)

DES ADOS ET DES POTES

DIALOGUES DE LA VIE QUOTIDIENNE

La mère : tu ne déjeunes pas avec nous ?

L'ado : non, je vois des potes...

La mère : mais j'avais tout préparé...

Bruit de porte d'entrée et de sortie qui claque.

Le père : tu peux venir ? Nous devons te parler.

L'ado : je peux pas, j'suis au téléphone avec un pote.

Le père : mais c'est important.

Bruit de porte (de sa chambre) se refermant bruyamment.

Le père : n'oublie pas que ce soir, c'est l'anniversaire de ta mère !

L'ado : impossible, je vois des potes que je n'ai pas vus plusieurs mois.

(Ah bon, ils vivent en Afrique du Sud ?)

La mère : qui est cet Arthur ?

L'ado : un super pote dans une grosse galère,
c'est pour ça qu'il dort dans ma chambre cette nuit.

(Ce ne serait pas le « Arthur » qui vend du shit ?)

DOCTISSIMADO

LES QUESTIONS LES PLUS FRÉQUENTES

« Docteur, nous sommes très inquiets car depuis quelques semaines notre ado se comporte comme un ogre : il engloutit des quantités gargantuesques de nourriture et nous observe du coin de l'œil en grognant. Que devons-nous faire ? »

La réponse du docteur Mado : « Votre ado est en pleine croissance. S'il attaque, enfermez-vous à clé dans les toilettes en attendant qu'il retourne au lycée. »

« Docteur, notre ado a décidé de ranger sa chambre mais nous avons mis trois semaines à ranger l'appartement à cause de ses gravats. Pouvons-nous lui faire une remarque ? »

La réponse du docteur Mado : « Non, surtout pas, vous risqueriez de le plonger dans une hibernation altérant son épanouissement neurolinguistique. »

« Docteur, nous sommes très inquiets car notre ado se comporte comme un zombie : il nous croise sans nous voir, sans nous dire bonjour, ni merci, ni même merde. Que doit-on faire ? »

La réponse du docteur Mado : « Ne vous inquiétez pas, il s'agit d'un cas classique de "cécité parentale."
N'allez pas chez l'ophtalmo ni chez l'orthophoniste, patientez quelques années et il vous verra et vous parlera de nouveau. Vous constaterez de vifs progrès après 18 ans lorsqu'il vous dira : "P'pa, est-ce que tu peux me prêter ta voiture ?" »

ATTENTION - ALERTE - ATTENTION - ALERTE

Ne JAMAIS dire à un ado :

« Si tu n’es pas content, tu t’en vas ! »

Parce que vous n’aurez pas d’arguments pour le faire revenir !

CITATIONS ANONYMES

« J'avais tellement peur d'affronter seule sa crise d'ado que j'ai renoncé à divorcer. »

« Où y a de l'ado, y a pas de plaisir. »

« L' ado aime ses parents surtout quand ils ne sont pas là. »

« Il faut bien que jeunesse se casse. »

« Un ado content est un ado loin de vous. »

SPÉCIAL RÉVEILLON DU 24 DÉCEMBRE

QUELQUES VENGEANCES POSSIBLES SI VOUS Y TENEZ VRAIMENT

Le déguiser **en Père Noël** pour faire plaisir à ses petites sœurs.

Inviter **son prof de maths** avec qui vous aviez bien sympathisé pendant le voyage scolaire à Carcassonne.

Ne lui laisser que **le blanc de la dinde** alors qu'il préfère la cuisse et réciproquement.

Le mettre à **la table des enfants** pour qu'il les surveille.

L'asseoir entre **ses deux arrière-grands-parents** pour qu'il les surveille.

~~**Ne pas l'inviter**~~
~~(non, il serait trop content)~~.

Ne RIEN lui offrir
car il a déjà reçu son cadeau de Noël en juillet (le fameux blouson en cuir à 200 000 000 euros qu'il a revendu pour s'acheter des clopes).

Lui demander d'essayer
tout de suite et devant tout le monde
son nouveau maillot de bain.

Le traîner à TROIS réveillons :
un chez vous, un chez son père (votre ex) et un chez son premier beau-père (votre autre ex, qui l'a élevé comme un père).

Lire
son carnet de notes
du premier trimestre
à toute la famille entre le plateau de fromages et la bûche de Noël.

LA NÉGOCIATION DU JOUR DE L'AN

Attention, c'est la plus difficile de l'année : entraînez-vous dès ***aujourd'hui et restez solidaire de votre conjoint pour éviter la catastrophe.***

Lieu du réveillon :
si possible pas chez vous,
ni trop loin de chez vous
et pas sans vous.

Heure du retour :
ne demandez pas l'impossible et restez souple
car vous ne serez pas capable de la contrôler,
vous aussi serez très fatigué !

Tenue :
t-shirt pour les garçons
et jupe courte pour les filles
(quelle que soit la température extérieure).

Quantité d'alcool ingérée :
vous ne saurez jamais,
mais ce qui compte,
c'est le degré d'alcool.

Quantité d'alcool régurgitée :
en fonction de l'heure
de la ~~soirée~~ matinée
ou de l'après-midi.

Lieu de régurgitation :
pas sur la moquette,
ni dans la voiture, ni sur le couvre-lit.
Règle générale : évitez les tissus fragiles.

Capitaine de soirée :
personnage légendaire
comme le capitaine Crochet
ou le sergent Garcia.

Proposition indécente :
« T'inquiète, je dormirai là-bas ! »
Appelez les parents de « là-bas ».

2 janvier :
quatre Fervex, deux Doliprane,
et 400 grammes de sorbet citron
qui reste du réveillon des parents.

Révisions avant la rentrée :
Tu finiras ton devoir de maths le 3 janvier
$(\text{mojito} + \text{JB})^2 = 4/20$.

Cartes de vœux :
Papi, Mamie, Tonton Paul et Tata Élise.

TOUTE DERNIÈRE MINUTE

Certains ados ont lu la première édition de notre livre
MON ADO EST UN GROS NAZE mais je l'aime
avec les conséquences suivantes :

baisse soudaine des **vols d'argent** dans le porte-monnaie des parents mais **forte augmentation** dans celui des grands-parents.

~~Les ados ne font plus la gueule~~

Les demandes de scooters ont baissé
mais les achats de casques ont explosé !
(Nos explications exclusives p.36 et 38 : « Votre ado vous fait il les poches ? » et « Conseil totalement inutile n°4 : ne jamais confier sa carte bleue à un ado ».)

De nombreux ados ont posé des verrous intérieurs
à la porte de leur chambre et des alarmes
afin de limiter les intrusions parentales dans leur tanière puante.

De nombreuses mères ont découvert YouPorn
avec des conséquences que nous ignorons et qui ne nous regardent pas. Néanmoins, des ateliers de soutien psychologique seront organisés par les auteurs courant 2016 / 2017.

INFORMATION AUX LECTEURS :

nos ateliers « Chantage » sont complets dans toute la France jusqu'au mercredi 30 août 2017.

QUESTION

DE MME F. DE BIARRITZ :

« Le bac français est dans un mois et mon ado en première n'a rien lu depuis ***Oui-Oui et la gomme magique*** :

QUE PUIS-JE FAIRE ?

NOTRE RÉPONSE :

comptez sur la chance et dites-vous que ***Oui-Oui et la gomme magique*** peut tomber cette année puisqu'il n'est encore jamais tombé depuis la création du bac français en 1874.

COMMENT SAVOIR SI VOTRE FILLE FAIT LE MUR ?

Voici quelques indices.
(Source : ex-KGB)

- **Elle traîne en pyjama dans la cuisine après 2 heures du matin.**
- **Elle est très maquillée dès son réveil.**
- **Vos amis ont vu son sosie danser en boîte de nuit jusqu'à 5 heures.**
- **Elle s'enferme à clé dans sa chambre dès 17 heures.**
- **Son polochon ne respire plus sous ses draps.**
- **L'escabeau est introuvable depuis deux mois.**
- **Elle talque le parquet car elle trouve qu'il fait trop de bruit.**
- **Elle bâille à longueur de journée.**
- **Son frère s'est beaucoup enrichi récemment.**

Soyez vigilants : surveillez la tenue de votre ado.

Jour :
n'importe quoi,
comme d'habitude.

Nuit :
la combinaison ciment,
imprimé briques,
toujours un grand classique.

VOUS TROUVEZ UN TOP EN DENTELLES SOUS LE LIT DE VOTRE FILS

1

Vous pensez que c'est le vôtre
mais c'est un 34
alors que vous faites du ~~40~~42.

2

Vous espérez que c'est celui de sa sœur
mais vous n'avez pas de fille.

2bis

Vous espérez que c'est celui de sa sœur
mais elle a 4 ans et ne porte que du Hello Kitty !

3

Pourvu que ce ne soit pas à lui…
(Parlez-en à votre psy ?)

4

Vous pleurez car vous pensiez
qu'il jouerait à la Nintendo jusqu'à 30 ans !

4 ATTITUDES POSSIBLES

1

Laissez-le où il est !
Traduction en langage de mère :
j'ai rien vu et je ne veux rien savoir.

2

Déposez-le négligemment sur son bureau.
Traduction en langage de mère :
si tu crois que je ne sais pas pourquoi
tu as demandé un grand lit,
tu me prends vraiment pour une débile.

3

**Lavez-le, repassez-le
puis rendez-le à la jeune fille.**
Traduction en langage de mère :
je suis une mère soigneuse et hyper cool
(attention s'il a déjà changé de copine).

4

Donnez-le aux pauvres.
Traduction en langage de mère :
ça fera un super chiffon.

VOTRE ADO VEUT ÊTRE ARCHITECTE D'INTÉRIEUR

LA PREUVE :

il a déplacé tous les meubles de sa chambre et pense qu'un grand lit* serait plus feng shui et respecterait mieux les volumes de l'immeuble imaginés par l'architecte.

Vous êtes heureuse, il a enfin trouvé sa vocation !

** Rien à voir avec sa nouvelle copine qui mesure 1,79 m.*

VOTRE ADO SERAIT-IL SCIENTIFIQUE ?

S'il laisse pourrir plusieurs jours sous son lit ou dans les tiroirs de son bureau des matières organiques telles que :

- ☑ trognons de pommes ;
- ☑ céréales noyées dans du lait ;
- ☑ paquets de chips et de brownies abandonnés ;
- ☑ rognures d'ongles (des pieds ?)

ET QU'IL VOUS INTERDIT D'Y TOUCHER
(preuve qu'il s'agit bien d'expériences scientifiques)

RÉJOUISSEZ-VOUS : VOTRE ADO AIME LA SCIENCE.

Si certaines **expériences** échouent car il exerce son talent sur un terrain pollué par ses **slips sales,** ses chaussettes puantes ou son urine conservée dans une bouteille d'eau, suggérez-lui d'améliorer ses chances de réussite en effectuant ses recherches en milieu stérile.

FAITES RÉVISER LE CODE À VOTRE ADO

Attention parents en colère.

Les voitures rouges doublent toujours les voitures noires.
Il veut une voiture rouge.

Stationnement interdit aux Simpson.

Ne pas lire de mangas en conduisant.

Attention : brunes à faux seins.

Foncez mille bornes !

Zone Wifi.

Même les camions rouges doublent les voitures noires.

Dessin à refaire.

Arrêtez vos conneries.

Interdiction de faire le mur tous les jours.

La prof d'anglais habite par ici.

Privé de vacances.

Ton père veut te parler.

C'est toi qui gardes ta petite sœur samedi soir.

Arrête de fumer comme une loco.

Malgré huit ans de piano, tu joues comme un pied.

C'est quoi cette embrouille ?

Non, tu ne feras pas le pont de l'Ascension, sinon tu vas rater ton bac.

UN JOUR VOTRE ADO VOUDRA

repeindre sa chambre en noir ;

lire vos bulletins scolaires ;

changer de prénom ;

acheter un billard, un flipper ou un juke-box ;

savoir comment vous avez connu son père ou sa mère ;

voir vos photos d'enfance ;

comprendre comment on vivait sans portable ;

un studio ;

un ampli de guitare électrique ;

vous expliquer pourquoi vous menez une vie de con ;

savoir si vous avez déjà fumé du shit.

MAIS RASSUREZ-VOUS,
VOTRE ADO NE VOUDRA JAMAIS :

reconnaître ses torts ou dire bonjour à vos invités.

TROP SOUVENT UN ADO PERD

vos clés ;

sa virginité ;

son sang-froid ;

vos fringues ;

son short de gym ;

son livre de maths ;

votre code de carte bleue ;

son vélo ;

ses mots.

MAIS IL GAGNE À ÊTRE CONNU.

VOTRE ADO EST-IL ~~GUÉRI~~ DEVENU (ENFIN) ADULTE ?

1. Votre ado débarrasse la table. Oui Non

2. Votre ado dit « merci ». Oui Non

3. Votre ado dit « bonjour ». Oui Non

4. Votre ado sort la poubelle. Oui Non

5. Votre ado met son linge sale dans le panier à linge. Oui Non

6. Votre ado fait son lit. Oui Non

7. Votre ado se maquille en moins d'une heure. Oui Non

8. Votre ado porte ses pantalons à la taille. Oui Non

9. Votre ado mange à table. Oui Non

10. Votre canapé est vide (aucun ado n'y est affalé). Oui Non

11. Votre ado vous présente à ses amis. Oui Non

Vous avez obtenu plus de cinq « oui » : votre enfant ~~est guéri~~ n'est plus un ado. BRAVO, c'est la fête, vous avez survécu à son adolescence.

Vous allez pouvoir reprendre une vie normale : macramé, sudoku, vol à la tire, voyage dans l'espace… sauf si vous êtes l'heureux propriétaire d'un deuxième spécimen de moins de 18 ans. Auquel cas… il ne vous reste plus qu'à relire ce livre depuis le début !

Suite à la parution de ce guide, de nombreux lecteurs nous ont demandé pourquoi les ados adoptaient ce type de comportement incompréhensible ; en résumé – nous citons ici nos lecteurs – pourquoi les ados sont-ils **VRAIMENT** de gros nazes ?

Nous tenons à vous rassurer : nous n'en savons absolument rien.

Même si les auteurs peuvent se targuer d'avoir élevé de l'ado, du vrai, du pur, du dur, et pas plus tard qu'hier, à l'ère de la conquête du cosmos et du lifting sans chirurgie, le comportement de l'ado reste un mystère insondable.

Si des scientifiques parmi notre lectorat souhaitent approfondir ce sujet, nous tenons à leur disposition les radiographies, scanners, carnets de correspondance, DST et DM de nos propres adolescents afin de faire progresser la recherche mondiale.

Bien cordialement,

les auteurs

REMERCIEMENTS

Merci à nos premiers lecteurs :
Yaël, Sylvie, Roméo, Nathan, Nathalie,
Marie, Diane, Corinne, Betty.

Merci à Caroline et Laurence
pour leurs bons conseils !

Merci à nos adocolocataires.
On vous aime !

Merci à Domitille et à Muriel Tallandier.

Spécial Laurent Storck :
merci à Caroline,
copropriétaire de nos ados.

Spécial Silvia Kahn :
merci à Maman de m'avoir supportée
pendant ma crise d'ado, et à Papa de m'avoir aidée
à supporter Maman pendant cette même période.

Et c'était pas de la tarte !

Merci cher coauteur pour ta confiance,
les rigolades et les entrecôtes frites.